Evoque

EVOQUE — UMA CULTURA DE ACELERAÇÃO EXPONENCIAL

Categoria: Desenvolvimento

Primeira edição — 2023

Autor: Rodrigo Hasi

Projeto Gráfico e editorial: Yesbooks Editora

Coordenação editorial: Filipe Mouzinho

AGRADECIMENTOS

Agradeço primeiro a Deus, por ter me proporcionado ambientes, lugares e pessoas que me levaram até onde me encontro hoje!

Agradeço a minha esposa, Luane Hasi, que nos momentos mais difíceis e nas decisões mais complexas esteve ao meu lado, como um porto seguro. Mesmo diante da possibilidade de perder tudo, sabia que poderia contar com ela e com um lar estruturado, que sempre foi meu ponto de descanso.

Meus pais, que fizeram 110% na medida que podiam para me dar o melhor, minha irmã Janaina que sempre esteve comigo, ao Gabriel e Isabelle, que tenho além de parentesco um sentimento de amor.

A todos os clientes que acreditam na academia.

Aos sócios e colaboradores da empresa, pelos quais tenho um imenso amor e gratidão por tudo que representam em minha vida.

Em especial ao Mário Sérgio, que me apoiou na primeira etapa de crescimento da empresa, José Ramos que apoia a operação junto comigo nessa sustentação, servindo como degrau para que eu possa alcançar outros patamares. Um grande amigo Said Abdo, que agrega muito em minha vida e meus negócios; a outro que auxilia em decisões e conselhos, Everton, e para um casal sensacional que me deu não só a oportunidade que iniciou esse projeto, mas também toda mentoria que foi uma ferramenta que alterou o rumo da minha vida, Anderson e Josi.

Também aos sócios e amigos Giliard Gomes, Vinícius Leardini e Vinícius Parmejane, que acreditam no projeto e estão conosco até hoje.

Aos meus mentores, que desde o início me apoiaram, me ancoraram e ajudaram, alguns se tornaram amigos e continuam caminhando comigo.

E também a você, leitor! Sou grato pelo seu despertar em conhecer um pouco da minha história e do surgimento da rede de academias Evoque.

PREFÁCIO

O Rodrigo é protagonista de uma linda história de vida e inspira milhares de pessoas a irem em busca dos seus sonhos. Tinha como inspiração seu pai, Carlos Alberto. Por isso, desde cedo gostava de cuidar da saúde, o que acabou virando um estilo de vida.

Tinha paixão por se exercitar através do esporte, e aos 17 anos iniciou a Faculdade de Educação Física, dando início a sua jornada rumo a muitas realizações.

Com o passar do tempo, decidiu abrir a primeira academia, com muito esforço e dedicação, começando um novo ciclo em sua vida. Decidido a se transformar e ir mais longe, concretizou o primeiro sonho, a inaugural Evoque.

Aliando sonho e fé, encontrou seu primeiro propósito de vida e começou a expandir o seu negócio, oferecendo atividade física, proporcionando bem-estar e saúde as pessoas.

Neste livro, Rodrigo compartilha a importância do comprometimento, do engajamento e da motivação como algumas bases do sucesso, em especial, para um empreendedor.

Assim, ele nos convida a entrar de corpo e alma, nos entregando de coração, rumo aos nossos sonhos e objetivos. A fim de que não sejamos mornos, para nos mantermos engajados e motivados em direção ao propósito de inspirar pessoas.

Como um empreendedor inabalável, nos anima a não desistirmos diante das crises, incertezas e instabilidades. Ao contrário, fica firme em suas crenças fortalecedoras de sucesso, em sua atitude e mentalidade positiva e no seu amadurecimento, acreditando em si e em suas ideias.

Acrescento também um ponto que julgo imprescindível para quem deseja empreender e construir um legado louvável e duradouro: nosso corpo só realiza e alcança aquilo que nossa mente acredita. Logo, é de pouca valia, ao leitor desta obra tão inspiradora, sonhar, ousar, ter coragem, e arriscar, se no seu interior, o seu modelo ou programação mental não acreditar que é possível vencer as crenças limitantes.

Tenho certeza que a história de vida do Rodrigo não só fornecerá as características essenciais para qualquer pessoa que queira se aventurar nessa estrada sinuosa, como também, ampliará as habilidades e competências daqueles que já estão trilhando essa árdua jornada.

Espero que você, leitor, se torne essa pessoa, a partir de todo o conhecimento que será adquirido com este livro.

Com carinho,

Ricardo Oliveira.

Ex-jogador de futebol

É com grande entusiasmo que aceitei o desafio de participar deste livro e apresentar a vocês um pouco da minha experiência ao lado deste jovem empreendedor. Um brasileiro raiz, que não desiste nunca e busca com suor e consistência seus objetivos.

Me dirijo a vocês para apresentar esta obra, fruto do talento e da perseverança de um amigo notável, Rodrigo Hasi. Ao seguir estas páginas, mergulharemos na vida fascinante e inspirada de um empresário visionário, cuja trajetória é um verdadeiro testemunho de superação e sucesso.

Conheci Rodrigo Hasi em uma ocasião muito especial, durante um almoço organizado por José Ramos, um grande amigo de infância. Desde o primeiro encontro, fui cativado por sua história singular e sua impressionante jornada rumo ao topo do mundo dos negócios. Através das palavras deste livro, tenho o privilégio de compartilhar com vocês a trajetória de um homem determinado a transformar seu destino.

Nascido e criado na cidade de Mauá, município da Região Metropolitana de São Paulo, no estado de São Paulo, Rodrigo provocou desafios desde cedo. Vindo de uma família humilde da periferia, ele foi agraciado com uma grande inspiração: seu pai, um professor de Educação Física que lhe transmitiu os valores do esforço e da dedicação. Essa influência paterna moldou sua visão de mundo e despertou nele o desejo de se tornar alguém capaz de impactar positivamente a vida das pessoas.

Além disso, Rodrigo é um homem de fé inabalável, um cristão declarado que encontra na espiritualidade a força para enfrentar os desafios da jornada empreendedora. Sua crença o impulsiona a buscar sempre o melhor em si mesmo e nos outros, estabelecendo uma conexão profunda entre sua vida pessoal e profissional.

Como CEO e fundador da Evoque Academia, Rodrigo se destaca por suas qualidades admiráveis. Seu domínio da operação é exemplar, demonstrando uma expertise que não se restringe apenas aos números, mas também ao cuidado com as pessoas que fazem parte de sua equipe. Sua capacidade de gerar engajamento e motivar seus liderados é notável, criando um ambiente de trabalho positivo e produtivo.

Mas, talvez, a característica mais marcante de Rodrigo seja sua vocação e incentivo ao estudo contínuo. Ele compreende que o conhecimento é a chave para o crescimento e a evolução, e por isso está sempre em busca de novas informações e experiências que o ajudam a expandir seus horizontes. Sua sede por aprendizado contagia todos ao seu redor, inspirando-os a buscarem o aprimoramento constante.

Rodrigo Hasi é uma verdadeira inspiração para os investidores e colaboradores do grupo Evoque de Academias. Sua liderança carismática e sua visão empreendedora tornaram a empresa uma referência no setor, envolvendo desafios em oportunidades de crescimento e sucesso.

Neste livro, Rodrigo Hasi compartilha suas vivências, seus aprendizados e suas estratégias para alcançar o topo. Seremos passageiros cuidadosos nesta trilha envolvente, repleta de desafios e conquistas. Aprenderemos lições valiosas que poderão auxiliar em nossa própria jornada.

É com grande satisfação que recomendo a leitura desta obra, pois ela nos presenteia com uma visão inspirada do mundo dos negócios e nos encoraja a seguir em buscas dos nossos sonhos, ou melhor, como diria o autor, metas e objetivos.

Marcelo Santoro.

Empresário, Sócio investidor da Evoque Academia.

SUMÁRIO

CAPÍTULO 1
DE SCOOTER NA SUBIDA! 15

CAPÍTULO 2
PONTO DE IGNIÇÃO 21

CAPÍTULO 3
REDUZINDO PARA ULTRAPASSAR 29

CAPÍTULO 4
OS RISCOS DEVEM SER CALCULADOS 37

CAPÍTULO 5
DIFERENCIAL: INDISPENSÁVEL PARA O SUCESSO 45

CAPÍTULO 6
TREINAR LEVA À LIDERANÇA 57

CAPÍTULO 7
CRESCENDO NA CRISE 65

CAPÍTULO 8
FASE DE ARREBENTAÇÃO 75

CAPÍTULO 9
CULTURA DE ENTREGA 83

CAPÍTULO 10
LIDERANÇA CONSCIENTE 91

CAPÍTULO 11
PESSOAS PRECISAM DE PESSOAS! 99

CAPÍTULO 12
ESTRUTURE OS PROCESSOS 109

CAPÍTULO 13
BASE BEM FUNDAMENTADA 117

CAPÍTULO 14
PROPÓSITO 125

CAPÍTULO 15
INTENCIONALIDADE 133

CAPÍTULO 16
AMBIENTES CONTROLÁVEIS E INCONTROLÁVEIS 139

INTRODUÇÃO

Inicialmente, a minha trajetória se parece com a de muitas pessoas que vivem dentro do contexto cultural brasileiro, ou seja, da grande maioria das pessoas, classe C e D, que enfrentam problemas sociais e financeiros todos os dias.

No entanto, ao perceber a realidade da qual fazia parte e me atentar ao fato de que não queria permanecer como estava, busquei maneiras de mudar o meu presente, de olho no meu futuro.

Contudo, foi somente ao descobrir o que eu gostaria de fazer e como eu poderia realizar esse sonho que tudo começou a mudar. As realizações não aconteceram do dia para a noite, foram projetadas. E mesmo assim, falhas ocorreram, retrocesso, mas com perseverança foi possível retomar e encontrar novas oportunidades.

Essa jornada fará você entender que nada acontece sem esforço, lágrimas e muito suor. Os processos existem e precisamos passar por cada um deles, ao seu tempo e da melhor maneira possível.

No entanto existem coisas que podemos realizar por nós mesmos, em outras precisamos contar com a ajuda do Criador, pois, a mão de Deus faz toda a diferença sobre o que não temos controle.

Pude ver isso nitidamente na minha vida profissional, assim como na minha família e também na minha vida pessoal. Ele se tornou tão presente que dividíamos todos os momentos, inclusive o de lazer, nas minhas viagens, nos meus passeios de carro e de moto; uma grande paixão.

Meu desejo com este livro é inspirar você, leitor, a não desistir dos seus sonhos, mas encontrar as ferramentas certas para construir a realidade que deseja com determinação e perseverança.

Através da cultura implantada na Evoque, você terá parâmetros para desenvolver a sua própria cultura e construir um patrimônio ainda maior que o meu, afinal de contas, não existe limites para uma cultura de aceleração exponencial.

Vamos fazer uma viagem que começará em uma *Scooter* e terminará em uma *Harley-Davidson*, coloque seu capacete, suba na minha garupa e vamos acelerar juntos!

CAPÍTULO 1

DE SCOOTER NA SUBIDA!

Na minha infância meus pais foram sensacionais, tanto que não me deixaram recordações ou memórias tristes e ruins. É óbvio que como todo casal tiveram suas brigas, discussões, e também, como toda família brasileira, tiveram problemas financeiros.

Eles fizeram parte daquela parcela da população que pegaram empréstimos bancários e não conseguiam honrar com os pagamentos. E como muitas famílias, passamos por situações de corte de água e luz, algumas vezes. Você já passou por alguma situação como essa?

Esses perrengues fizeram e ainda fazem parte da vida de muitas famílias que sobrevivem com um salário mensal fixo, sem planejamento financeiro, como era o nosso caso. Uma subida na qual precisávamos empurrar a Scooter todo mês!

Entretanto, meus pais sempre se esforçaram ao máximo para me dar uma boa educação, mesmo estudando em escola pública minha vida toda. Sempre fui um menino que sonhava em estudar em escola particular, como todos os outros, que estudaram comigo em uma escola estadual. Contudo, mesmo descredibilizando o ensino em escola pública, sempre precisava me esforçar para passar de ano.

Como meu pai e minha mãe eram professores de educação física, desde cedo tive o incentivo ao esporte dentro de casa. Assim, ainda criança, já estava inserido no meio esportivo.

Minha irmã foi muito presente na minha infância, costumávamos brincar e nos divertir muito, junto com meu primo, que foi como um irmão para nós, pois morávamos em casa separadas, mas no mesmo quintal.

Como não tínhamos babá, muitas vezes, meu pai nos levava para trabalhar com ele, e isso foi gerando em mim muita admiração. Eu o observava nas escolas e via como um professor tinha autoridade naquele contexto, o que me fazia olhar para o meu pai com deslumbre.

Eu costumava jogar bola e brincar com as crianças enquanto ele dava aula. Aos 10 anos de idade, participava das aulas de ginástica no ginásio de esporte, realizando todas as atividades. Depois comecei a migrar para o basquete, jogando dos 15 até os 20 anos de idade.

Na minha infância e adolescência tinha o sonho de seguir a carreira do meu pai, mas, por outro lado, desde pequeno, sempre quis ter uma empresa, trabalhar pra mim mesmo. Então, cogitar ter a minha própria academia foi algo que começou a permear meus pensamentos.

Quando eu entrei na faculdade, meu pai pagou o primeiro ano, no entanto, os demais, ele não conseguiu pagar porque não tinha dinheiro. Porém, realizei uma prova para a aquisição de uma bolsa de estudos e passei em segundo lugar. Assim, consegui um desconto de 50%. Logo depois, entrei em um programa do Governo, de estímulo ao ensino, e consegui um outro desconto em cima do valor restante.

Portanto, a faculdade só foi possível, naquela época, porque consegui a bolsa e o programa juntos, pois a minha renda fixa vinha do trabalho de *office boy* com a minha tia, que fazia desde os 13 anos.

Nesse período comecei a fazer estágio em uma academia, um local que me permitia fazer uma renda extra, ou seja, pegava todo o dinheiro que sobrava da faculdade e comprava produtos para revender na academia.

Dessa maneira, conquistei minha independência financeira, ainda no começo da faculdade, pois meus pais não tinham dinheiro para me manter, tudo era muito restrito nesse período.

A faculdade foi uma fase muito boa da minha vida, não tenho do que reclamar, o nível de responsabilidades era baixo, e assim, conseguia dedicar mais tempo aos estudos, além de fazer minhas coisas. Era muito fácil, em comparação as outras áreas da minha vida.

Meu pai sempre teve o hábito de beber, mas na época da faculdade, quando eu tinha 20 anos, ele se aposentou e passou a beber mais, se tornando um alcoólatra.

Ele se enquadrava na era industrial, escravo do relógio, participante da geração *baby boomers* (nascidos entre 1945 e 1964), e por isso, deve ter sentido muito com as mudanças relacionadas a aposentadoria.

Além disso, ele já tinha uma predisposição ao alcoolismo, visto que bebia com frequência. Nós chegamos a fazer duas vezes internações voluntárias, uma fase muito difícil para toda a família.

Ele não era uma pessoa agressiva, mas nesse período, uma única vez, ele bateu na minha irmã e na minha mãe, algo que me marcou muito. No entanto, ele nunca perdeu minha admiração, razão pela qual sempre o visitava enquanto se encontrava nas clínicas.

O amor e admiração que sentia pelo meu pai foram um combustível na minha infância, assim como na minha fase adulta. Eu vivi a parte ruim da vida dele, mas, no montante, vivemos muito mais coisas boas, e isso fez dele a minha única referência.

Eu nunca tive alguém ou um amigo que eu dissesse: "Mano, quero ser igual a esse cara!" Nunca tive um ator, uma representatividade, até mesmo porque, nessa época, não existia tanto a ideia de se inspirar em alguém como um modelo de algo fora do âmbito familiar.

Minha admiração segue até hoje, mesmo depois da morte dele, decorrente de uma cirrose hepática. Essa etapa da minha vida foi mais uma das subidas que tive que enfrentar, ainda pilotando uma Scooter!

CAPÍTULO 2

PONTO DE IGNIÇÃO

Na minha juventude, aos 25 anos de idade, um pouco antes da morte do meu pai, eu enfrentei alguns problemas pessoais e um amigo me levou para a igreja, onde me converti ao cristianismo. Eu já sentia uma necessidade de ampliar a minha conexão espiritual, algo que **não encontrava dentro de casa.**

Quando era criança, minha mãe me fazia rezar todos os dias. Ela se esforçava na minha conexão com Deus, da maneira dela. Certamente, ela deu 100% do que sabia para que eu pudesse aprender a me conectar com Deus. Com isso, desenvolvi o hábito de rezar o Pai Nosso, antes de dormir.

Na época da minha conversão, meu pai estava na segunda internação, então, aproveitei as visitas para falar de Jesus para ele, que acabou se convertendo também.

Logo depois me casei, e meu pai faleceu no meu primeiro ano de casamento, em meio a uma crise conjugal, um período de transição, onde aconteceu uma virada de chave na minha vida.

Foi o ponto de ignição para que eu pudesse transicionar de patamar, em todas as áreas da minha vida. Conheci minha mentora, que mudou a minha rota e destino.

Antes disso, eu era uma pessoa com pouca ambição. Muito provavelmente, pelo fato de crescer em uma geração cheia de força de vontade mas com poucos objetivos a serem alcançados.

Não havia na minha juventude uma cultura que nos estimulasse a ter foco, cumprir metas, ou seja, não sabíamos exatamente onde queríamos chegar. Havia uma ideia com relação ao futuro, apenas isso.

Na minha mente eu sempre quis ser como meu pai, exceto pelo fato de passar pelos mesmos problemas que ele enfrentou, como não ter uma condição financeira que o permitisse pagar todas as contas mensalmente.

Então, eu sabia que queria ter controle financeiro sobre a minha vida, ter um carro e uma moto, só me faltava planejamento. Também sabia que poderia ser bem sucedido nessa área, mas, inicialmente, nunca imaginei chegar onde cheguei.

É importante salientar que a morte do meu pai me proporcionou uma excelente autorreflexão. Fator de extrema importância no meu momento de virada de chave, pois me abriu os olhos para o futuro que eu desejava, me motivando a encontrar o melhor caminho para concretizar minhas realizações.

Ao entrar na faculdade, meu objetivo era ser professor, mas depois do estágio na academia, a certeza de que seria dono da minha própria empresa se concretizou.

Apesar de entender, naquela época, que era um sonho muito distante, ou seja, teria que percorrer um longo caminho para realização desse sonho. Entretanto, foquei mais no presente do que no futuro, afinal, tinha plena consciência que me faltava muito conhecimento para alcançar meus objetivos.

Diante disso, pude compreender que ter a minha empresa seria uma meta a longo prazo, já que precisava me estruturar profissionalmente, finalizar a faculdade, para depois me estruturar financeiramente.

Eu sempre fui uma pessoa que me entreguei muito às coisas que eu fazia, então, priorizava fazer tudo muito bem feito. Nunca encontrei uma razão que explicasse tamanha dedicação, nem mesmo nas minhas buscas mais profundas, que envolviam até mesmo a psicanálise.

Talvez por medo de ser rejeitado, ou ainda, para receber elogios, palavras de afirmação, não sei ao certo o motivo real, apenas queria e fazia tudo muito bem feito.

E essa qualificação me permitiu ser indicado pelo meu pai, para a academia de um amigo dele, o Luizão. Ele conhecia muitas pessoas nessa área, mas escolheu a melhor para me encaixar nesse segmento.

Ele foi um profissional que fez a diferença na minha vida, excelente professor e administrador. Um cara fundamental para a minha formação profissional, pois era muito exigente. Como eu era curioso e faminto por aprender cada vez mais, suguei tudo que foi possível, inclusive, pedia para que ele me testasse, através de provas, testes e trabalhos que realizava em casa, para aprimorar meu nível técnico de conhecimento.

Ele era muito exigente na sala de musculação, o que envolvia também a disposição das anilhas, ou seja, elas precisavam estar sempre organizadas pelo peso. Dessa forma, as anilhas de dois quilos tinham um lugar determinado, assim como todas as outras. Elas não podiam se misturar, e isso fazia diferença na estética do local, assim como, no processo de organização da sala de musculação.

Os halteres tinham que ficar enfileirados, as máquinas tinham que estar limpas e eu era responsável por isso, afinal, era o estagiário. Popularmente, é possível dizer que juntamos a fome com a vontade de comer, já que ele era exigente e eu estava em busca de aprendizado, sempre focando em dar o meu melhor.

Todos nós passamos por processos quando buscamos aprender algo, podendo aprender de várias formas sobre o que nos propomos a estudar, contudo, tenho plena convicção que não haveria aprendizado melhor para mim, do que ter estagiado com o Luizão.

Eu aprendi muitas coisas que não aprenderia em outros lugares, criando em mim um padrão alto em relação a disciplina, organização e atendimento. A maneira como tudo era conduzido e o profissionalismo dele só fizeram aumentar a minha paixão pela administração da academia e por todas as práticas envolvidas nela.

Do estágio à minha formação como professor pude me envolver em todas as etapas e me apaixonar por cada projeto. Era extremamente gratificante participar da reabilitação de uma senhora, saber que a partir das sessões realizadas conosco, ela poderia andar corretamente, sair da cadeira de rodas, cuidar da casa e estender as roupas no varal.

Foram muitos processos concluídos com sucesso, mas alguns ficaram guardados com mais clareza, como foi o caso de uma japonesa, da qual sou amigo até hoje, através das redes sociais. Ela não conseguia caminhar direito e hoje pratica corrida. Pode parecer clichê falar sobre essas pessoas, mas elas fizeram uma imensa diferença na minha vida.

Também tinham as pessoas que focavam na parte estética e eu costumava entregar tudo, focando em treinos variados para que elas alcançassem seus objetivos.

A minha satisfação estava mais focada na realização pessoal de cada cliente da academia, muito mais do que na minha realização financeira, por exemplo. Prova disso foi que estagiei os seis primeiros meses sem receber nenhuma ajuda de custo.

Somente depois dos primeiros seis meses, comecei a receber um auxílio, que me lembro até hoje, no valor de cento e doze reais. Eu juntava com o pagamento recebido pelo serviço que realizava para minha tia, como *office boy*, e também vendia uns produtos, como disse anteriormente.

Foi uma fase muito importante para mim, com muito aprendizado, responsabilidades e novas perspectivas de vida, onde se podia sonhar e vislumbrar novos horizontes.

Conheci novas pessoas que me despertaram em busca dos meus sonhos. Um amigo me convidou para abrir uma academia, partimos para a ação, mas como não podia investir na época, ele abriu sozinho.

Essa experiência me mostrou que precisava estar preparado para as oportunidades, fazendo uma programação financeira. O ponto de ignição foi perceber, através de novas experiências que sonhar é possível, mas realizar precisa de preparação e ação, ou seja, estava desenvolvendo uma mentalidade empreendedora.

Eu comecei a ampliar as minhas expectativas em relação a vida profissional, e assim, as oportunidades começaram a aparecer. Meu amadurecimento aconteceu rápido, nesse sentido.

A percepção de que somos nós quem geramos a nossa condição estava presente na minha visão empresarial, afinal, nada se constrói por si só. Uma empresa não vai abrir sozinha, temos que construir o caminho para alcançar o sonho do empreendedorismo, dando o pontapé inicial. No entanto, a condição material não determina se você vai ser empreendedor ou não.

A COMBUSTÃO FOI ACIONADA, O PONTO DE IGNIÇÃO LIBEROU A FAÍSCA E A ENERGIA ESTAVA CORRENDO PELAS MINHAS VEIAS, ERA O INÍCIO DE TUDO.

CAPÍTULO 3

REDUZINDO PARA ULTRAPASSAR

Quando a nossa visão é ampliada e abrimos nosso coração para a realização dos nossos desejos, as oportunidades acontecem. Em 2014, surgiu uma oportunidade de arrendamento da academia na qual trabalhava como gerente.

A proprietária tinha uma rede de pequenas academias e decidiu arrendar uma. Além do valor mensal, havia a perspectiva de compra, durante o processo. Então, convidei um amigo, que também era professor, para entrar nesse projeto comigo.

Arrendamos a academia com trinta e seis alunos, mas com muito trabalho, em seis meses, conseguimos chegar a duzentos e cinquenta alunos. Contudo, a receita era suficiente para pagar as despesas fixas, o arrendamento, e investíamos o pouco que sobrava na academia.

Eu e o meu sócio Felipe sobrevivíamos como *personal trainer*, não tínhamos pró-labore. Hoje, podemos entender que, claramente, havia um problema de gestão, o que acarretou na falência da empresa, um ano e meio após o início do arrendamento.

Talvez, se nós tivéssemos colocado o projeto no papel, estudado e elaborado melhor as estratégias, isso não tivesse acontecido, mas aconteceu. Não é nada agradável viver uma experiência como essa, mas sempre serviu de parâmetro para alertar sobre o que não fazer.

Assim, entre 2015 e 2018, continuei o meu trabalho de *personal trainer* e voltei a coordenar e gerenciar academias. Nesses anos, me preparei para a realização do meu sonho, já carregava uma bagagem de aprendizado, estava em um momento de reduzir para ultrapassar, aquele momento da estrada da vida que você precisa de fôlego para encarrar o que vem pela frente.

O meu trabalho incluía também dar suporte, ou seja, consultoria aos proprietários das academias. E em um desses processos, aconteceu algo muito interessante.

Comecei a gerenciar uma academia e era personal do dono. Quando ele decidiu abrir essa nova unidade, fomos juntos até a cidade de Ribeirão Preto, no interior do Estado de São Paulo, para comprar os novos equipamentos.

Durante esse processo, um amigo próximo me falou que comprasse os melhores equipamentos e desse o meu melhor para essa nova empresa. E foi exatamente o que eu fiz, como um profissional que buscava a excelência e o crescimento em sua área de atuação.

Passados dois anos o proprietário me perguntou se eu queria comprar a nova unidade, a mesma que eu havia participado do processo de implantação.

Me vi diante de uma oportunidade incrível, a realização do meu sonho, mas o valor era bem acima do que eu poderia conseguir, mesmo tendo algumas reservas e bens. Novamente, precisei reduzir para ultrapassar.

Era o momento de vencer o medo, de olhar para o passado e tirar aprendizado dele, acelerar e ultrapassar o que me impedia de assumir novas responsabilidades, afinal, eu havia aprendido muito com os erros da outra gestão, não era mais aquele profissional de anos atrás.

Assim, criei coragem, assumi o comando dessa nova rota, reduzi e ultrapassei meus medos. Convidei meu amigo Mario Sérgio para ser meu sócio. Ele deu um apartamento no negócio, eu entrei com minhas reservas e alguns bens, como carros e moto.

Ainda assim, ficou faltando uma parte do valor. Mas, por uma atitude que considero divina, ele aceitou parcelar o que não tínhamos como pagar naquele momento.

Eu tenho uma admiração muito grande por ele e sua família até hoje. Além disso, sou muito grato por essa oportunidade. Todos treinam na minha academia sem pagar, e acredito muito que nem por mim, nem por eles o dinheiro é o fator, mas sim o sentimento, a atitude.

Essa foi uma maneira que encontrei de demonstrar nossa gratidão pela oportunidade e pelo processo facilitado que nos permitiu adquirir nossa primeira academia, a tão sonhada Evoque!

Não foi uma decisão fácil, seria um desafio e tanto, mas eu sempre facilitei o ambiente para que a oportunidades chegassem, não poderia recuar no momento em que ela apareceu.

Em Apocalipse 3:20 diz: "Eis que estou a porta e bato. Se alguém ouvir a minha voz e abrir a porta, entrarei e cearei com ele, e ele comigo!" As oportunidades batem a porta, elas não abrem e entram, você precisa tomar a atitude de abrir a porta, isso me remete ao fato de que precisamos ter atitude de criar o ambiente e não esperar com que a oportunidade simplesmente faça a sua parte.

Afinal de contas, não adianta esperar a oportunidade passar sentado no sofá. Além de que, facilitar o ambiente é abrir a porta para que ela passe. E quando ela passar, agarrá-la!

Quando a oportunidade passa, diversos sentimentos aparecem, como por exemplo, insegurança, medo do novo, falta de confiança, entre outros. Eles aparecem como uma barreira que você tem que vencer para poder alcançar a oportunidade, ainda mais quando ela está além do seu alcance.

Se é uma oportunidade possível, ou seja, você tem os recursos necessários para tomar posse dela, se torna um pouco mais fácil tomar uma decisão. Mas quando está fora do alcance físico, mental, lógico e financeiro, fica mais fácil deixar a oportunidade passar, e muito mais difícil pegá-la.

Portanto, para empreender é necessário muita ousadia, força de vontade e determinação. Não dá para deixar passar e esperar pela próxima, já que, não saberemos quando ela virá, e se ela irá aparecer novamente.

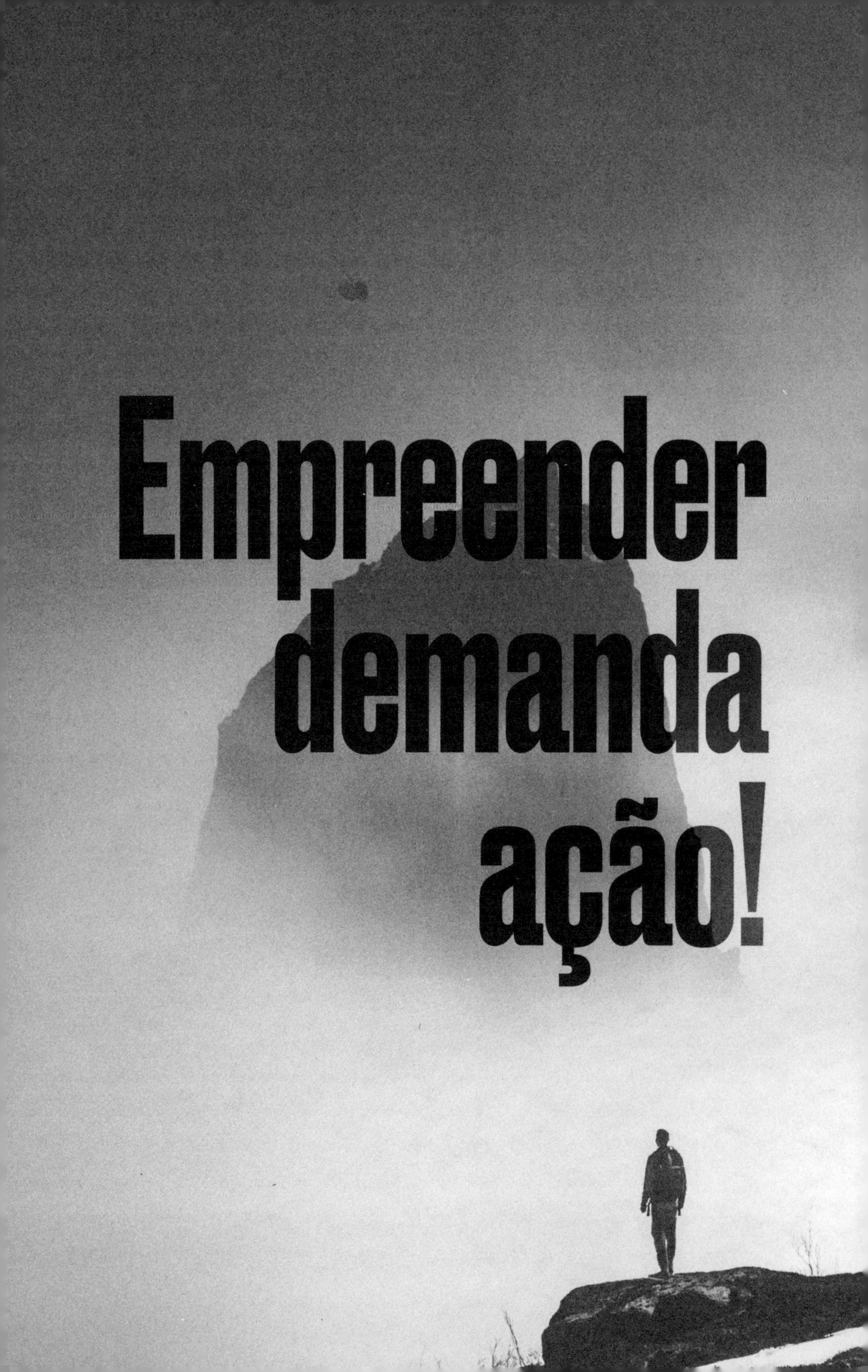
Empreender
demanda
ação!

CAPÍTULO 4

OS RISCOS DEVEM SER CALCULADOS

Você já parou para pensar como o processo de ultrapassagem, seja dirigindo um carro ou pilotando uma moto, envolve não só a lógica, mas também o nosso instinto?

Muitas vezes temos o tempo e as condições para tomar uma atitude e ultrapassar o que está a nossa frente, mas não nos sentimos seguros e confortáveis para fazê-lo. Na vida também acontece assim, precisamos estar atentos, com o nosso sensor ligado, além de ter todos os riscos calculados.

Antes de decidir comprar a academia, já tinha decidido mudar de vida. Comecei fazendo um investimento, primeiro, em mim mesmo. O meu ponto de ignição foi o *start* para uma mudança pessoal, que refletiu absurdamente no meu profissional.

E com essa mudança interna, decisões diferenciadas, o ambiente e as circunstâncias começaram a se mover junto, porque eu troquei a frequência da minha vida. Então, quando a oportunidade apareceu, por mais que existisse incertezas, insegurança e medo, a força de vontade e determinação foram maiores que essas três juntas.

Eu aceitei o desafio ciente de que existiam pessoas chaves na minha vida que haviam me preparado especificamente para as áreas nas quais iria atuar, a fim de que esse investimento desse certo.

Eu havia começado a me preparar com cursos e muita leitura. Investindo em mim, para proporcionar um crescimento não só pessoal, mas em todas as áreas da minha vida.

O RISCO FOI ALTAMENTE CALCULADO!

Mesmo eu sendo um profissional da área, havia o histórico de uma experiência negativa. Contudo, eu sabia bem onde tinha errado, o que precisava fazer diferente, assim como, o que precisava evoluir como um empresário do ramo de academias.

Tendo todos os riscos calculados, eu mergulhei de cabeça, afinal, era uma situação totalmente diferente da minha experiência anterior, que encontrou um Rodrigo mais maduro e bem mais preparado, emocional e profissionalmente.

Logo nos meses iniciais apareceram os primeiros frutos. Em um ano dobramos o número de alunos, em uma crescente que nos acompanha até hoje. Foi um período de tomada de decisões, principalmente, daquelas que eu não estava acostumado, por ter atuado muito tempo como gerente.

Era uma nova realidade, com um outro olhar e uma perspectiva diferenciada, afinal, não havia nada que eu não pudesse fazer; poderia avançar todas as catracas.

Essa autonomia foi o diferencial do nosso sucesso, pois nela estava embutida a nossa missão e o nosso propósito. Além disso, o meu processo de capacitação profissional se ampliou, pois comecei a investir e estudar sobre administração e desenvolvimento pessoal, no âmbito empresarial.

O meu foco passou a ser o desenvolvimento de habilidades, afim de me tornar perito no que só eu poderia administrar, inclusive, as finanças. Para isso, contratei mentores específicos, dando ênfase na minha preparação, afim de me tornar um profissional diferenciado, um empresário que sustenta a missão e propósito da empresa.

No Brasil, de um modo geral, temos uma carência muito grande em relação aos estudos relacionados a finanças, seja pessoal ou empresarial, incluindo a clara noção de como funciona a pessoa jurídica e toda a carga tributária que ela carrega.

Então, um empresário precisa aprender sobre todos esses assuntos, tanto quanto precisa aprender sobre vendas, *marketing* e *branding*. E foi assim que eu fiz dessa vez, busquei capacitação nas áreas que eu não tinha conhecimento.

Resumindo, todos os processos operacionais eu sabia como funcionavam, portanto, restava saber como deveriam ocorrer os processos administrativos, financeiros e relacionados ao marketing; exatamente o que eu foquei!

Tanto que, metade da liquidez da academia ia para cursos nessas áreas, além de bons mentores para cada área. Com essas imersões consegui fazer uma administração do caixa para que fosse possível aumentar o número de unidades.

O meu entendimento foi tão modificado que não houve mudança no meu padrão de vida, ou seja, ocorreu uma organização da vida financeira, tanto pessoal quanto profissional. Deixei de lado o consumismo e foquei em investimentos, sendo o maior deles no intelectual e material para a empresa.

Sem educação financeira não é possível essa mudança de *Mindset*, e sem mudanças no presente não há resultados positivos no futuro. Não adianta ter um padrão de vida que não seja possível sustentar porque ele pode influenciar na saúde financeira da sua empresa.

Vemos no Brasil muitos empresários ricos com empresas pobres, ou seja, a um passo da falência. Quando na verdade temos que focar em manter a saúde financeira da empresa sempre em alta, pois dela dependem várias famílias.

Por muitos meses continuei meu trabalho como personal, de onde tirava meu sustento, afinal, a empresa precisava se pagar e depois me pagar. Me lembro até hoje que meu primeiro pró-labore foi de mil reais.

Depois, fui escalando com meu faturamento, em uma proporção muito menor do que a empresa gerava de liquidez. Então, eu sempre trabalhei com a retirada de pró-labore entre 5 e 10 %, os outros 90% ficava para a empresa.

Todo esse movimento era intencional, afinal, tudo que é rico transborda. Por isso, não deixei a empresa ser uma empresa escassa em sua vida financeira, a tornando abundante, e assim começaram a surgir outras oportunidades.

O fato de calcularmos os riscos está totalmente relacionado aos recursos e despesas de uma empresa, já que não podemos focar somente em uma área, como vemos acontecer diariamente. Uma empresa pode vender muito, ter um número excelente de clientes, ou seja, alunos, mas se não souber administrar os recursos, estará fadada ao fracasso.

Eu já visitei vários países e entre eles é difícil encontrar uma raiz de empreendedorismo como a brasileira. É possível ver, nitidamente, como o brasileiro é diferenciado, mas infelizmente, é nítido a falta de educação financeira.

O brasileiro é muito criativo, muito bom em entrega, pois sabe o que o cliente precisa. Dessa forma, ele se inventa para entregar o que o cliente precisa. Algo natural dentro da cultura empreendedora brasileira, que acompanha um sentimento de compaixão, misturada com o jeitinho brasileiro, proporcionando um resultado único e satisfatório.

Assim, temos tudo para sermos bons empreendedores, contudo não basta somente força de vontade para começar, se não houver ferramentas para continuar. É preciso formar uma estrutura empreendedora no país.

Na minha empresa, trabalhei justamente com as ferramentas que os brasileiros não desenvolvem, e muito provavelmente, isso seja a causa de não conseguir sustentar o próprio negócio.

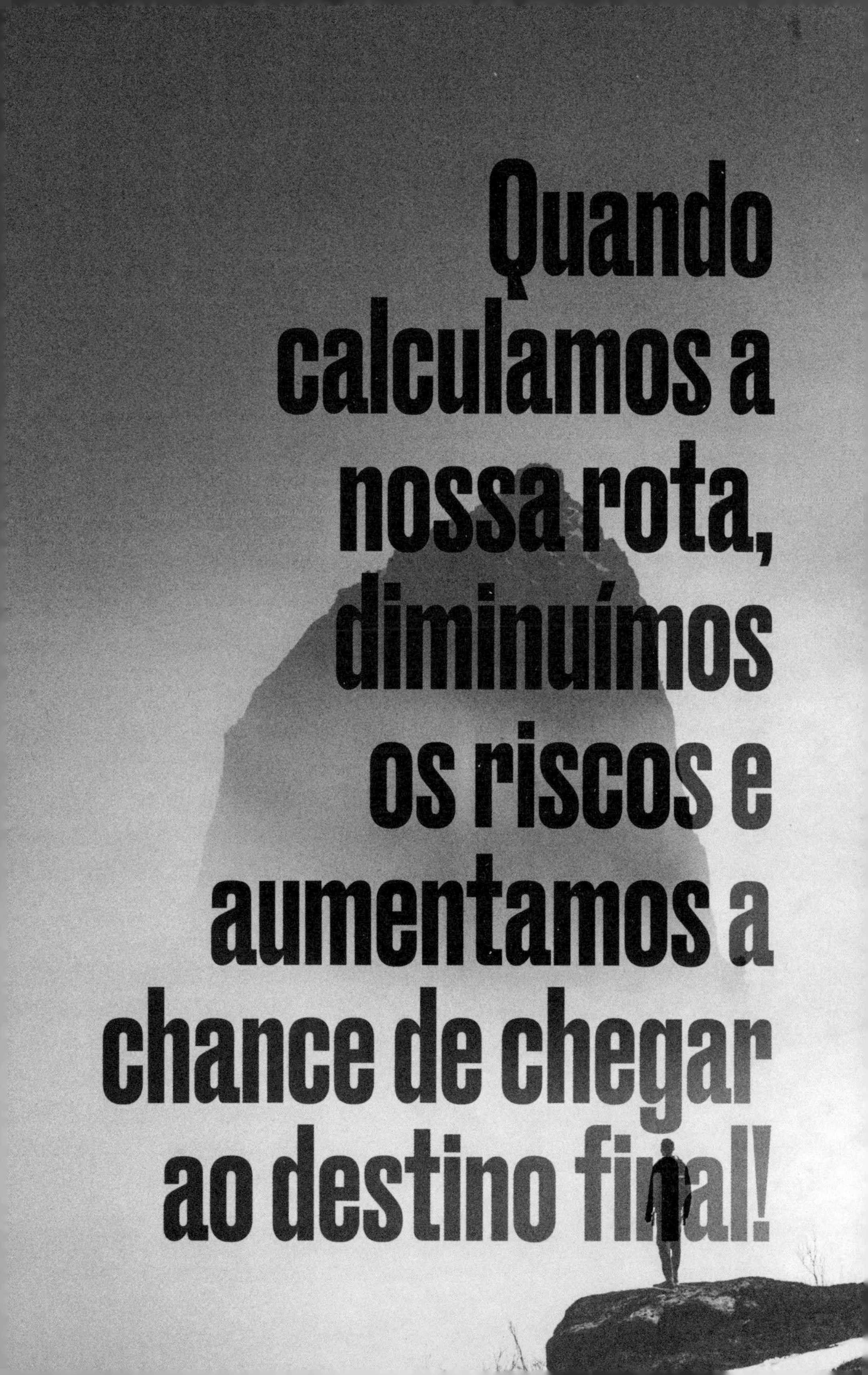
Quando
calculamos a
nossa rota,
diminuímos
os riscos e
aumentamos a
chance de chegar
ao destino final!

CAPÍTULO 5

DIFERENCIAL: INDISPENSÁVEL PARA O SUCESSO

Na Evoque, todos os processos foram construídos a partir da necessidade da empresa, se tornando um forte diferencial em relação as demais academia.

Os diferencias, no nosso caso, se tornaram parte da cultura empresarial, não foram ferramentas aleatórias, desenvolvidas para sanar problemas. Elas foram pensadas para atender as necessidades de cada setor, focando na raiz dos problemas.

Qualquer pessoa pode abrir uma empresa, até mesmo desenvolver uma rede de academias, ou em outros segmentos, mas, fundamentar uma cultura própria, um ecossistema diferenciado, demanda muito investimento de recursos e em pessoas, além de tempo.

No momento da contratação, você pode contratar o melhor currículo do mercado, selecionando um para a parte administrativa, outro para o financeiro, comercial, enfim, para que cada profissional realize a sua parte. No entanto, uma empresa assim terá como característica principal um pouco de cada profissional que atua nela, e não uma cultura própria.

Na Evoque, eu comecei a construção de cada setor, então, todas as pontas foram amarradas, tendo a mesma característica única, a resolução de cada particularidade do setor, buscando a melhor performance.

Por mais que houvesse dificuldades ou deficiências, tanto de perfil ou personalidade, as mudanças desenvolvidas deveriam atender as necessidades do setor naquela fase da empresa. Dessa maneira, eu atuei como perito em cada setor, a fim de aprimorar todo o processo.

E quando fui perito, por exemplo, no administrativo, eu treinei a profissional para acrescentar o conhecimento dela, com base no que eu queria, ou seja, com base na cultura da empresa.

Entretanto, é importante salientar que eu não construí essa cultura pensando em como queria ou achava que deveria ser, mas baseada em estudos sobre o setor, tendo suporte de uma mentoria, para validar o melhor desempenho possível.

Assim, da mesma maneira aconteceu no setor financeiro, onde o profissional foi treinado tendo como base a cultura empresarial, agregando depois o conhecimento adquirido, que desenvolveu ao longo da carreira dele.

Em todos os setores trabalhamos da mesma maneira, implantando uma cultura forte, com uma missão clara e um propósito bem definido. Para isso, precisei trabalhar ativamente em todos os setores, dispendendo muita energia.

Dentro dessa postura de contratação, é necessário esclarecer que, o profissional contratado seja melhor que o responsável por desenvolver o setor, especificamente, naquela função, a fim de atender a empresa no que ela necessita.

Na cultura de treinamento sempre estava à frente, abrindo o caminho. Assim, o profissional me seguia, arrumando o caminho, agregando o que faltava e implementando o setor com seus conhecimentos específicos, sem alterar a cultura empresarial.

Esse ponto é muito importante para a vida de uma empresa, porque a cultura só é absorvida pelo profissional se ele acreditar no seu projeto. Caso isso não aconteça, haverá um investimento em treinamentos sem retorno.

O investimento nos colaboradores é alto, demanda tempo e dinheiro, então, deve ser bem estruturado. Para isso, a empresa precisa ter uma política com plano de carreira.

Primeiro, os profissionais que deseja contratar precisam acreditar no projeto. Se eles não enxergarem um futuro na empresa, não ficam no presente, isso é fato. Afinal, só segue uma missão quem tem uma visão futura.

Quando um piloto vai fazer uma curva, ele não olha para a roda da frente da moto, ele olha para onde quer chegar, como por exemplo, ao final da curva. Assim, a moto vai para onde ele olhar. Se ele olhar para o canteiro, a moto vai para o canteiro.

E não é somente no motociclismo que as coisas funcionam dessa maneira, na vida também precisamos focar onde desejamos chegar, no nosso futuro.

Dessa maneira, o profissional que contratar deverá seguir você, enxergando o mesmo que você em relação ao futuro. O foco não deve ser o que estão vivendo no presente, caso contrário, ele facilmente será seduzida por outras empresas.

Normalmente, as pessoas que nos seguem compram o que desejamos para o futuro, onde queremos chegar e o que desejamos realizar. Portanto, é a partir da nossa visão de futuro que construímos a nossa missão.

Muitos profissionais no mercado de trabalho não se atentam para uma realidade a longo prazo, focam nas condições momentâneas, andam como que a deriva, aleatórios ao cenário econômico do país ou aos acontecimentos. Logo, treine somente os que conseguem visualizar um futuro junto com você!

NÓS CRIAMOS A NOSSA MISSÃO ATRAVÉS DA NOSSA VISÃO.

A visão da Evoque é ser uma rede de academias, a partir daí, a missão já estava determinada, pois foi construída pensando onde os profissionais que caminham conosco desejam chegar.

Uma missão envolve valores, e no nosso caso, o objetivo principal sempre foi a entrega. Um diferencial que aprimorou nosso relacionamento com os alunos, gerando uma satisfação altíssima e promovendo a concretização da visão.

Dessa maneira, o profissional entende que estará fazendo parte de uma visão diferenciada, onde existe uma cultura de treinamento, capacitação e desenvolvimento pessoal. Compreenderá que existe a questão cultural enraizada na empresa, que promove um plano de carreira.

Todo mundo quer um plano de carreira na vida, todo mundo quer um plano de aposentadoria na vida, ainda mais no Brasil. O colaborador precisa desse estímulo para caminhar com a empresa rumo ao futuro.

Se você não mostra um plano de carreira, qualquer outra proposta poderá parecer melhor do que o que ele está vivendo no presente, ou seja, vai chamar a atenção dele. Por isso, nós montamos um plano de carreira através da nossa visão, afinal, investimos muito nos nossos colaboradores.

A nossa missão é executada pela nossa visão. Todos os funcionários e todos os colaboradores compraram a visão, já que a nossa cultura é baseada em desenvolvimento pessoal.

TODO DESENVOLVIMENTO PESSOAL PRECISA DE TREINAMENTO.

Então, quando faço com que meus colaboradores sejam profissionais e pessoas melhores, significa que eles estão encontrando dentro da empresa algo que precisam. Se têm o que precisam e onde desejam chegar, eles ficam.

O nosso *turnover*, ou seja, a nossa rotatividade de colaboradores é bem baixa. Isso se dá pelo engajamento com a cultura da empresa, que busca sanar rapidamente os problemas, que investe em desenvolvimento pessoal e profissional, que se preocupa com plano de carreira, para que o profissional consiga realizar a melhor entrega, cumprindo a missão empresarial e concretizando a visão.

Contudo, é importante observar que só podemos oferecer algo que conseguimos sustentar, afinal, é um processo extremamente trabalhoso. Por exemplo, quando falamos de treinamento humano, não estamos falando da contratação de um sistema, por exemplo.

O treinamento humano é imprevisível. Por vezes, pedimos X e nos entregam Y. Todavia, muitos profissionais entregam Y sem a intenção de prejudicar, apenas pela deficiência de conhecimento. Não tem nada a ver com pessoalidade.

Mas, caso tenha a ver com pessoalidade, retire a pessoa da empresa. Porque nesse ponto, significa que ela não se adequa com a sua visão e missão, assim como, com seus valores.

Se você não retirar, em algum momento ela sairá sozinha, é natural dentro de uma cultura de desenvolvimento pessoal, porém, quanto mais rápida a ação de remoção, mais veloz será o setor. As pessoas que ficam ali, você peneira e, certamente, achará muitas pedras preciosas, porque tem a ver com *Soft Skills* e não com *Hard Skills.*

Hard Skills está relacionado ao conhecimento técnico, específico, baseado em ferramentas. Mas, o Soft *Skills* envolve também as habilidades emocionais, comportamentais e sociais. São profissionais com personalidade e perfil dispostos a se envolverem na sua visão e missão, com valores parecidos ou iguais, prontos para lhe ajudar a chegar onde você precisa; isso vai além de ferramentas.

Apesar de todo trabalho que o treinamento de desenvolvimento pessoal demanda, o escolhemos como parte da nossa cultura. Os frutos dessa escolha são muitos, fazem valer cada um dos nossos esforços, afinal de contas, é muito prazeroso quando você faz com que um estagiário se torne seu sócio.

Não tem sentimento, melhor porque você vendeu um plano de carreira no começo quando o contratou e a realização de estar cumprindo todas as etapas do processo é algo impagável. A certeza de não ter vivido uma mentira, de não ter sido hipócrita, pelo contrário, se tornado algo real e verdadeiro aos olhos de todos, não tem preço.

A verdade é uma das coisas mais duras de se viver, porque existem verdades que são difíceis até de serem faladas, ainda mais difíceis de serem vividas, tanto quanto de serem ouvidas. Porém, quem está disposto a falar, viver e ouvir a verdade vai chegar muito mais longe do que as pessoas que vendem algo que elas não têm para oferecer.

Na Evoque o engajamento entre os profissionais existe porque a verdade impera, tudo que é prometido é cumprido, porque se eu prometer e não cumprir descredibilizo tudo que foi construído. Assim, o empresário tem que ter isso bem claro no propósito empresarial dele, a fim de não deixar margem para erro e mal entendidos, grandes problemas empresariais estão na falta do cumprimento de promessas por falta de planejamento.

Ao enxergar o que o meu cliente precisava, eu coloquei um esforço a mais nos meus professores, e desse cuidado, surgiu uma ferramenta da cultura que se estende até hoje.

Todo mês tínhamos a "semana do ensino". Inicialmente comigo, depois com o gerente da academia, que seguia os passos fornecidos por mim. Também havia uma *checklist* que deveria ser preenchida com tudo que deveria ser cumprido.

Eu passava ferramentas de trabalho e de atendimento, depois mensurava através de metas. Até hoje existe meta para troca de treino com meus professores. Assim, cada professor que entra na academia precisa realizar cem trocas de treinos por mês, com o objetivo de estar sempre em contato direto com o cliente.

Não tem como precisar com 100% de certeza que todos os professores vão cumprir essa norma, mas a margem de erro também é computada na planilha.

No entanto, quem entrega o que é pedido está totalmente dentro da visão da empresa, e com alta propensão de crescer dentro dela. O que não entrega, provavelmente, vai ficar estagnado.

A questão sobre a mensuração do treino foi um diferencial da empresa para que eu soubesse que o meu professor estava tendo contato com meu cliente e atendendo as necessidades dele.

Com o tempo, o número de professsos aumentou para quase 300, portanto, foi preciso reestruturar o processo, passando a montagem dos treinos para os coordenadores, que são os professores que se destacaram.

Existem os treinos formatados, mas se o aluno tiver alguma peculiaridade, alguma doença genética, algo assim, é encaminhado diretamente ao coordenador.

Isso facilita o processo de um olhar mais assertivo em relação ao cliente, pois, para se tornar um coordenador é certo que terá algumas habilidades específicas e qualidades acima da média. Dessa forma, consigo controlar o contato direto com o meu cliente.

Atualmente, na semana do ensino, que acontece na última semana do mês, não é mais ensinado formatações de treino, mas como o cliente deve ser atendido.

Um aprendizado específico para os professores, que também aprendem sobre biomecânica, técnicas específicas, e treinamentos de atendimento ao cliente. Dessa maneira, eles sabem a angulação do treino, sabem até onde tem que puxar e até onde tem que empurrar.

Focamos em observar e sanar o excesso de carga, que machuca o nosso cliente, determinando uma carga máxima para mulheres e para homens, de forma específica, e não pela questão do homem ser mais forte que a mulher, mas por motivo de segurança. O homem tem mais hormônios que exercem força, mas, ambos têm um peso máximo (diferenciado) para ser executado dentro do aparelho.

E assim, regras foram sendo criadas pensando no bem estar do cliente, com a finalidade de atender as necessidades dos nossos alunos e objetivando a melhor entrega possível.

Essas técnicas são específicas e podem ser facilmente aplicadas não somente em academias, mas para qualquer empresa ou comércio, a mensuração vem conforme a necessidade do seu cliente.

Dessa maneira, nossos profissionais vão enchendo o tanque de combustível através dos resultados. Eles vivem e respiram academia porque se sentem pertencentes a elas, enxergaram nelas um futuro real e palpável.

Assim, um profissional que entra como estagiário, por exemplo, irá receber vários treinamentos, se tornando um profissional e um ser humano melhor, e em uma *Timeline* de 2 a 4 anos, poderá ser um dos nossos sócios.

Uma visão que poucas empresas oferecem, mas que faz parte do nosso DNA, está embutido na nossa cultura e gera muito engajamento. Afinal, não trabalhamos só o que o nosso colaborador precisa para se desenvolver na academia, mas também o que precisa para se desenvolver na família, no lazer, na vida espiritual.

Essa cultura permite que meus funcionários e colaboradores, caso eu venda toda a rede de academias, possa facilmente sair para o mercado de trabalho e ser um profissional diferenciado, ou, iniciar sua própria empresa, e não tenho dúvidas de que alcançará o que desejar.

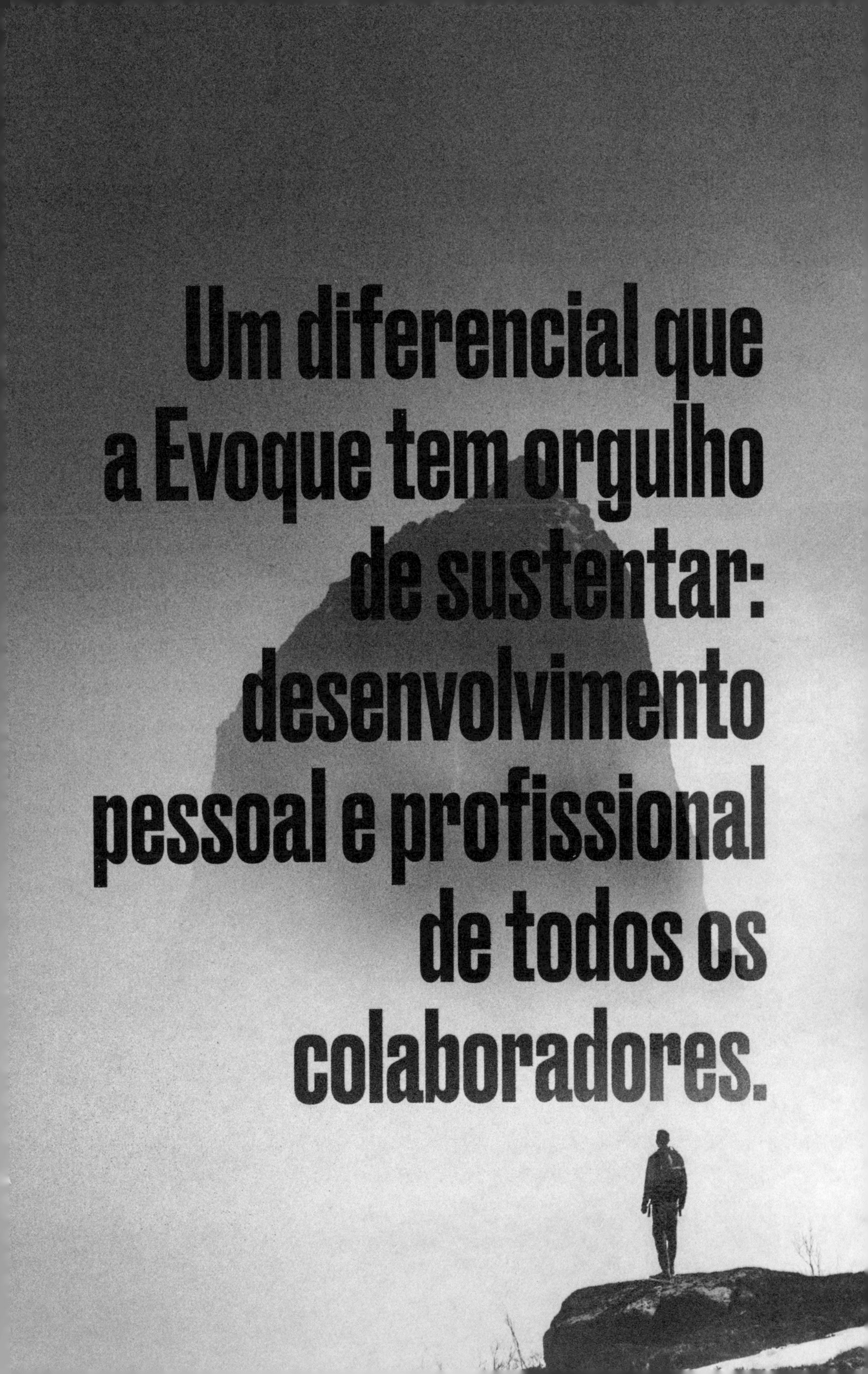

Um diferencial que a Evoque tem orgulho de sustentar: desenvolvimento pessoal e profissional de todos os colaboradores.

CAPÍTULO 6

TREINAR LEVA À LIDERANÇA

Nosso objetivo é trabalhar em todas as vertentes para que o desenvolvimento da empresa seja amplo, e não apenas setorizado, focando somente no financeiro, RH ou marketing, por exemplo. Mas, buscando gerar profissionais que não se tornarão apenas um profissional melhor, sendo um sócio da Evoque, mas também um ser humano melhor.

Por isso, nosso foco em treinamentos e acompanhamento foi implantado como um diferencial na empresa. Temos treinamentos todos os meses de educação financeira para todos os gerentes. Entre os palestrantes estão Superintendentes do Banco do Brasil, Gerente do Banco Safra, professores universitários, entre outros, que dominam o assunto.

Se nossos profissionais não têm problema de dinheiro dentro de casa, se não tem problema com a mãe e com o pai, não tem problema com a esposa ou com o marido; sabe trabalhar, sabe ser um bom filho, um bom esposo ou uma boa esposa, bom pai ou boa mãe, tem dinheiro guardado para provisionar caso aconteça uma emergência na vida dele, então, na academia ele vai desempenhar 100%.

NA ACADEMIA ENTREGO AS FERRAMENTAS QUE OS PROFISSIONAIS PRECISAM PARA TRABALHAR E VOAR EM TODAS AS ÁREAS DA VIDA!

Não é um processo simples, acontece porque estou preocupado se o profissional está sendo um bom marido, uma boa esposa, preocupado se está sendo uma boa filha, se está mandando mensagem para o filho, se está conseguindo pagar todas as contas de casa, preocupado se no final de semana está saindo para dar um "rolê de *bike*", se consegue viajar com a família, se está conseguindo fazer uma reserva financeira.

Todas essas coisas me preocupam, mas não em relação aos 350 funcionários, estou preocupado com o grupo da gestão, que faz a gestão de todos os funcionários. Não tem como uma única pessoa focar em todos eles.

Funciona como se fosse uma pirâmide, eu trabalho focado nos que trabalham com os funcionários. Eu dou os treinamentos, entrego todas as ferramentas para os gestores dos funcionários e faço com que eles entreguem essas ferramentas para todos os colaboradores, diretamente.

Todo o grupo de gestores recebe os treinamentos, mas, os acompanho, cuidadosamente, a fim de saber se serão os melhores gestores para os colaboradores.

Dessa maneira, por mais que exista uma pirâmide de treinamentos, a pirâmide de prioridade é invertida. Aqueles que sempre são mais importantes, são aqueles de baixo para cima. Eu faço uma ponte entre mim e os colaboradores, direto com os gestores, para que a entrega seja a melhor para os clientes.

Então, toda essa pirâmide de treinamentos e engajamento, ou seja, toda preocupação, existe sempre de baixo para cima. Por causa do cliente, depois por causa do colaborador direto, depois por causa do gestor e por último sou eu.

(Gráficos)

Então, pela hierarquia de prioridade eu sou o menos importante da empresa, mas pela hierarquia de treinamento, começa por mim. Afinal de contas, compete a mim dar um excelente treinamento, gerando excelentes gestores para liderar as unidades e os colaboradores. Os treinamentos necessariamente não precisam ser meus, mas precisam da minha aprovação.

No meu ponto de vista, ninguém nasce líder, ninguém nasce empreendedor, as pessoas podem se desenvolver e se tornar um. Assim, se existem pessoas que lideram mal é porque têm líderes incompetentes. Da mesma forma que, os que empreendem de maneira incorreta têm péssimos mentores, ou nenhum mentor.

Por mais que existam opiniões divergentes, afirmando que existem líderes natos, mantenho minha opinião, afirmando que qualquer pessoa pode se tornar um líder, quando bem treinado.

Por exemplo, se você lidera mal sua casa, então, não é o líder da sua casa, pode vir alguém e tomar sua posição. Se você não é um líder no seu emprego, pode vir alguém e tomar o seu lugar. Liderança não é posição, é posicionamento.

A necessidade de liderança da sua casa existe, se você não assumir o ponto, vem outro e assume. A necessidade de liderar sua empresa, existe. Se você não liderar, vai vir outra pessoa e vai liderar. Então, você não nasce líder, mas pode se tornar o líder, se desejar.

Eu mesmo me aperfeiçoo dia após dia para me tornar uma pessoa melhor, um profissional mais capacitado, um líder mais atento, a fim de "nascer" melhor a cada amanhecer.

EVOLUIR É ACORDAR HOJE MELHOR DO QUE ACORDOU ONTEM!

No entanto, existem dias que não conseguimos dar 100% do que temos para oferecer, apenas 50%. Então, não menospreze esse 50%, faça dele os seus 100% do dia. O importante é realizar e não se entregar as armadilhas do corpo, que insiste que não façamos esforços.

O ser humano é tendencioso, está sempre pronto para entrar na zona de conforto, acessar a homeostase e instalar o efeito platô. Por isso, precisamos acordar, todos os dias, determinados a sair da cama e sermos melhores. E essa determinação se torna um combustível que faz com que se torne melhor, dia após dia.

Não que você vai acordar e ser alguém melhor, mas que todos os dias existam ações, a fim de que se torne alguém melhor, um líder melhor. E todos esses fatores não envolvem um único caminho.

Para você ser um bom líder, entre tantas coisas, você....

- terá que entender de algo específico.
- terá que fazer algo específico.
- terá que ouvir alguém.

Então, tudo o que você precisa para ser uma pessoa e um líder melhor, irá exigir esforço. Se não quiser ser uma pessoa melhor, faça somente o que precisa ser feito.

Eu fui uma pessoa que sempre busquei ser melhor. Sempre fui muito desafiador, mas, obviamente, em alguns momentos, não quero fazer absolutamente nada, não quero produzir. Mas hoje, com as minhas conquistas, com o meu conhecimento, com os meus investimentos, mesmo não fazendo nada, estou produzindo muito, porque aproveito para me reciclar. Assim, existe uma intenção por trás das minhas ações, e a intencionalidade faz com que andemos em alta performance.

- Se você é intencional no descanso, você vai descansar.
- Se você é intencional na capacitação, você vai se capacitar.
- Se você for intencional em X, Y, Z, você vai ser bom no que faz.

A intencionalidade ajuda a se tornar bom líder porque você busca se capacitar, busca treinar, e dessa maneira, se tornará melhor. Afinal de contas, liderança é uma metamodelagem onde as pessoas irão se modelar por aquilo que você é e não ao contrário; seja bom ou seja ruim.

Logo, se você tiver uma debilidade na sua liderança, vai criar líderes débeis, no mesmo ponto onde tem uma dificuldade. Então, o problema da liderança é que você não mostra somente as partes boas, influenciando apenas positivamente. Também mostra as partes ruins, só que as partes ruins não são identificadas, aparecem automaticamente.

Se você não evoluir e não se desenvolver, a sua debilidade, a parte débil da sua liderança, vai formar líderes com partes débeis no que você não é bom, ou seja, na mesma debilidade.

Então, você tem que se desenvolver todos os dias por uma questão de liderança, que envolve metamodelagem. Isso envolve autoconhecimento e autoaprimoramento, uma vez que metamodelagem não modela só a parte boa, mas também modela a parte ruim.

SE VOCÊ NÃO BATALHAR TODOS OS DIAS PARA EVOLUIR NO QUE NÃO É BOM, VAI GERAR LÍDERES COMO VOCÊ, POR ISSO, A TODO MOMENTO É PRECISO ESTAR ATENTO!

CAPÍTULO 7

CRESCENDO NA CRISE

No mundo empresarial muito se fala sobre crescer na crise, sobre fatores adversos, mas ninguém poderia imaginar o que aconteceria diante de uma pandemia, com tudo fechado, sem projeção do futuro.

Antes de acontecer a primeira onda, nós estávamos com a empresa estruturada em toda a parte administrativa e financeira, prontos para abrir a segunda unidade; com uma gestão ágil e a estruturação em *equity*, que é estruturação para gerar *valuation* na empresa.

Nesse processo de estruturação, me lembro bem, porque estava em viagem com minha mãe e com minha avó, quando veio a primeira onda e eu soube que teria que fechar a empresa. Isso gerou um estresse e uma ansiedade muito grande, que pode ter ocorrido justamente por estar longe da empresa. Ao mesmo tempo, comecei a pensar em inúmeras possibilidades para solucionar essa situação.

Mas, como todo empresário sofri esse estresse. Obviamente, não teve como me isentar, pois todos sofreram e esse rebote aconteceu pouco tempo atrás.

Contudo, em todo caos existe uma oportunidade, se você se deixar levar por ele, nunca vai enxergar calmaria. Então, naquele momento de estresse, eu reestruturei todas as operações e busquei quais seriam as ações que iríamos implantar. A busca era por achar as oportunidades dentro da onda de pandemia.

Eu analisei, verifiquei tudo que poderia ser feito para reter meus clientes, ou seja, continuar entregando saúde. Assim, encontrei uma fonte de entrega online e comecei as ações dos infoprodutos para aumentar a receita da empresa. No entanto, nós tínhamos algumas aulas de distribuição gratuita para quem era cliente.

Aproveitamos que fornecedores, locatários, entre outros, se compadeceram e fizemos negociações. Alguns deram carência de aluguel, carência de serviços, e também, aproveitamos as linhas de créditos que o Governo disponibilizou.

Então, o dinheiro acabou ficando barato. Ainda existia receita, não paramos de cobrar os clientes, porque entregávamos serviços *online*, uma vez que não era possível atender presencialmente. Os que pediram estorno ou cancelamento não cobramos, porém, foi uma minoria, praticamente insignificante. Nesse cenário, distribui e pulverizei as dívidas, continuei recebendo e peguei as linhas de crédito disponíveis no banco.

É óbvio que no momento da pandemia existiu um caos generalizado, porém, enxerguei as oportunidades estando dentro desse caos e as oportunidades foram utilizadas.

A pandemia facilitou a entrada do dinheiro barato na empresa, que agregado ao parcelamento das dívidas, fez com que eu triplicasse. Houve um tempo inicial de estresse e ansiedade, mas não focamos nisso, focamos nas oportunidades, aproveitando cada uma delas, gerando um resultado exponencial.

No final do término da primeira onda, antes da segunda onda, não tínhamos somente mais uma academia, tínhamos duas novas academias. É óbvio que contando agora é muito fácil, mas na época, eu acho que não dormi bem por meses, mas no contexto geral o resultado foi excelente.

Em resumo, nós saímos fortalecidos da pandemia porque entendemos que é possível crescer em meio as crises. Na verdade, podemos crescer em várias situações, mas na dificuldade existe uma oportunidade única, que deve ser enxergada pela ótica de que podemos aprender algo com aquilo, sem sofrer, antes focando em um aprendizado que poucos terão.

Eu fui um dos poucos privilegiados a interpretar e enxergar esse aprendizado, aproveitando as oportunidades, uma vez que não teve quem ficasse isento da pandemia, assim como, não teve como fugir do cenário.

Se não aproveitarmos o cenário para aprender algo, vamos perder oportunidades porque ele vai passar. Assim como a pandemia, outras dificuldades virão para todos, não será uma exclusividade para poucos, mas saíra fortalecido e irá crescer quem aprender em meio as crises.

Nós saímos fortalecidos dessa pandemia, inclusive a ideia inicial seria dobrar, mas houve a tríplice na abertura de unidades. O divisor de águas aconteceu ao término da segunda onda da pandemia, porque compramos uma academia falida, e peguei o ponto de outra academia que também faliu.

Além disso, abrimos a quarta academia logo depois da segunda onda. Entenda que, as oportunidades normalmente aparecem em um cenário adverso, então, se está tudo favorável, dificilmente vão aparecer oportunidades. Ao final de 6 meses, pós-pandemia, multiplicamos a rede por quatro.

Saímos desse cenário emocionalmente desgastados, mas focamos em nos reinventar, porque quem não se reinventasse, muito provavelmente iria falir. Tínhamos a opção de crescer ou quebrar, e como no âmbito empresarial não pode haver homeostase, não declinamos, crescemos!

As empresas maiores travaram o crescimento devido ao excesso de contas, as empresas com os grandes *players* do mercado tiveram que travar a expansão para reorganizar o caixa, porque o impacto para eles foi muito maior e muitas empresas pequenas quebraram.

Então, deixou um cenário muito favorável para quem estava em um momento como o nosso, ainda pequeno, mas buscando expandir, ou seja, em crescimento. É importante ressaltar que, no âmbito pessoal, o meu emocional e espiritual foi respaldado pela minha fé em Deus, pois era essa conexão que equilibrava minhas emoções. Eu sabia que estava sendo cuidado, Nele busquei a solução para todos os problemas.

Certamente, esse relacionamento foi o grande responsável pelo nosso crescimento em meio ao caos. E provavelmente, sem essa conexão, sem a certeza de estar sendo guardado e cuidado, teria colapsado.

Então, o fato de saber que Deus estava provendo todas as coisas que eu necessitava fazia com que a minha mente trabalhasse tranquila, por mais que existisse um cenário de estresse. Mesmo me sentindo fragilizado emocionalmente, tinha toda a minha confiança no Senhor, porque sei que Ele é minha força nos momentos de dificuldade.

Quando temos a garantia e a certeza de que todas as coisas cooperam para o bem, conseguimos enxergar coisas que as pessoas que não confiam, não enxergam. Assim, eu continuei enxergando o futuro porque sabia que Ele estava cuidando do meu presente.

Eu sabia que cada uma das ações que estavam acontecendo eram provisão divina, e isso me colocava acima da névoa, já que para cada problema, sempre aparecia uma solução, independente das minhas próprias ações.

OS MOMENTOS DE CRISE SÃO UM TERRENO FÉRTIL PARA O CRESCIMENTO EM TODAS AS ÁREAS DA VIDA!

Até mesmo a prosperidade não está relacionada com tempos fáceis. Ela está relacionada com a superação, a vencer os tempos difíceis e complicados que, por vezes, aparecem em nossas vidas.

Deus não quer que nós vivamos uma miséria, Ele quer nos dar uma vida próspera. E dentro da Bíblia, encontramos todo o caminho a ser seguido, um percurso para uma vida de sucesso.

A Bíblia, o livro mais vendido no mundo, até hoje, é um manual de direção para uma vida bem-sucedida e próspera em todas as áreas, porque a prosperidade está correlacionada com a caminhada com Deus.

Uma vida próspera é uma vida de crescimento, e tudo que cresce precisa de desafios. Essas situações desafiadoras podem te paralisar ou ser um combustível para o seu avanço.

Contudo, Deus nunca vai sair do nosso lado, nem no dia bom, tampouco no dia mau, afinal, ele acontece para todos, a diferença está em como vencer esse dia.

A DIFERENÇA DE QUEM CHEGA E QUEM PARA, É O DIA MAU.

Ele pode te paralisar ou pode te jogar mais para frente de onde você está. E não vive plenamente o propósito aqueles que param nos dias maus, porque esses desconfortos sempre vão existir.

Por isso, os momentos de crise sempre serão os melhores ambientes para se encontrar sabedoria. O problema do ser humano é que ele não quer viver esse ambiente de crise, quer pular, paralisando dentro do propósito de crescimento e de plenitude, mas o processo sempre vai ser mais importante do que o resultado final.

Agora, quando se aprende com cada uma dessas crises, se adquire uma sabedoria que só vai entender quem passou pela crise.

Se torna tão importante que passa a desfrutar daquele momento como se fosse um momento de aprendizado.

É óbvio que, falando, parece muito fácil, mas uma pessoa que está vivendo a crise, que está vivendo um momento difícil, pode retirar experiências valiosas dessas situações.

No fundo do mar sempre existirão tesouros preciosos, e com certeza, a pessoa que passa por essa fase difícil vai sair com algo que somente ela terá.

O sucesso não é relacionado com o quantitativo, mas com o qualitativo. Uma chave poderosa é entender que uma vida bem-sucedida não é uma vida milionária, mas uma vida de paz. Então, quando você tem paz no dia bom e no dia mau, você está tendo uma vida próspera e plena.

Por essa perspectiva, todo mundo tem acesso à plenitude e à prosperidade, porque todo mundo tem acesso a paz. Eu tenho certeza que o valor que isso agrega é muito maior do que o valor financeiro.

Diante disso, todos podem chegar até onde eu cheguei, também podem ir muito além ou parar bem antes, afinal, nem tudo é para todos na vida. Por exemplo, tem coisas que nem eu, nem a minha geração futura, vai alcançar. E tem coisas que as pessoas também não alcançarão, que eu alcançarei.

Mas, o que realmente importa é a forma como você vive cada uma dessas fases, se você vive com paz, colocando a cabeça no travesseiro e falando assim: "Obrigado, Senhor, por esse dia."

Se foi um dia terrível e você agradeceu, significa que está entendendo a plenitude e a prosperidade, porque a prosperidade está relacionada à qualidade de vida que você tem, e obviamente, cada um tem a vida que merece.

Crescer
demanda
esforço!
Se esforce!

CAPÍTULO 8

FASE DE ARREBENTAÇÃO

Até o momento de abertura da quarta unidade, ainda precisávamos de muito esforço braçal. Ainda existia uma fragilidade de caixa, por isso, qualquer coisa que acontecesse poderia ser algo muito negativo.

Diante disso, qualquer ação externa que acontecesse poderia impactar muito a empresa. Esse foi um dos momentos que geraram muito medo e insegurança, porém, sempre foram vencidos pela fé, pela determinação e pela força de vontade.

A fase da arrebentação é um momento de alavancagem da empresa que exige muito esforço do empresário. É a fase mais crítica para o seu crescimento, por isso, essa fase crítica só vai existir para quem está crescendo.

Nessa fase, podemos ser aqueles que ao entrar no mar, ficam somente no raso, e tudo bem. Porque sabemos que para chegarmos até a parte funda, a fim de navegar, teremos que enfrentar fortes ondas.

As ondas fortes exigirão muito esforço físico e mental. Além disso, a base espiritual tem que estar preparada e fundamentada, porque virão muitos cenários adversos para serem ultrapassados.

Depois da fase da arrebentação, existe a calmaria. Nela se navega em um oceano azul, mais calmo, não existem ondas arrebentando, somente marola, precisamos somente boiar. Nessa fase precisamos apenas administrar as emoções, os pensamentos e a empresa.

A fase da arrebentação para nós aconteceu após a pandemia, onde precisamos, mais uma vez, reestruturar todos os processos para poder navegar enquanto as pessoas trabalhavam.

Cada empresa vive seu momento e o empresário deve estar atento a isso, não existe receita pronta, cada situação requer uma solução e um nível de envolvimento diferenciado.

Por isso, não podemos generalizar, como muitos fazem, pois em algumas fases será possível trabalhar seis horas por dia, em outras, será preciso menos, como também terão fases que teremos que viver integralmente para a empresa.

Em alguns momentos, será possível trabalhar 3 vezes por semana, em outras, precisaremos produzir mais de 12h por dia para atender a demanda e proporcionar o avanço. Tudo depende do momento empresarial que está vivendo.

Para isso, terá que entender todos os processos da sua empresa e ser diligente em tudo que faz. O seu negócio exige a sua excelência. Então, se não houver excelência em todos os processos, provavelmente, vai entrar alguém que saiba mais do que você e vai existir uma dependência dessa pessoa na operação.

Logo, você não precisa ser o melhor, entregar o melhor, mesmo que o seu melhor seja menor do que um profissional qualificado para o setor. Porque todos os setores da empresa, na escalagem, precisam estar mapeada pelo CEO ou pelo proprietário.

E após cada um desses setores estarem dentro de um fluxograma, dentro do organograma da sua empresa, será necessário que pessoas melhores, especialistas naquela área, assumam a função para que você saia dela. Entenda, a empresa precisa de uma pessoa melhor do que você em cada um dos setores, para que você saia da operação e passe para a gestão.

Nessa fase, que chamamos de escalagem, todos os processos são alterados com muita frequência. Tudo o que serviu nos últimos seis meses, por exemplo, pode ser que não sirva mais em alguns setores, como algumas formas ou formatos de execução. Processos exigem manuseio e não podem ser engessados na parte de escalagem, todos os setores devem estar mapeados.

EM UM DETERMINADO MOMENTO, O PROPRIETÁRIO TERÁ QUE SAIR DO CENÁRIO DE OPERADOR DOS PROCESSOS E PASSAR PARA A POSIÇÃO DE GESTOR DE PESSOAS.

Acredito que esse fator é uma chave para todo empresário. O CEO ou gestor da empresa, precisa virar o *Mindset* dele e sair de operador para gestor de pessoas e processos.

Sem essa mudança, muitos empresários seguem de olhos nos processos, mas com seus colaboradores sem cuidado. É necessário deixar de ser centralizador e começar a gerir pessoas.

O grande problema de muitos gestores operacionais é o desejo de ser operacional de processo para centralizar a operação, pois se não controlar da maneira dele, a empresa não irá prosperar, tampouco frutificar.

Mas, não funciona assim. A partir do momento que mapeamos a empresa e colocamos o profissional adequado para operar, só temos que fazer o gerenciamento, tanto do profissional quanto dos processos.

NÃO CABE AO EMPRESÁRIO FAZER TODA OPERAÇÃO.

Portanto, se não mudar o *Mindset*, na fase da arrebentação, volta para água rasa, para a parte rasa da praia. É um momento onde é necessário virar a chave de operador para gestor, e essa sequência nunca poderá se inverter.

Primeiro é gestor de pessoas, depois é gestor de processo, porque os que colocam os processos antes das pessoas estão fadados ao fracasso. Em primeiro lugar, sempre virão as pessoas, e depois, os processos.

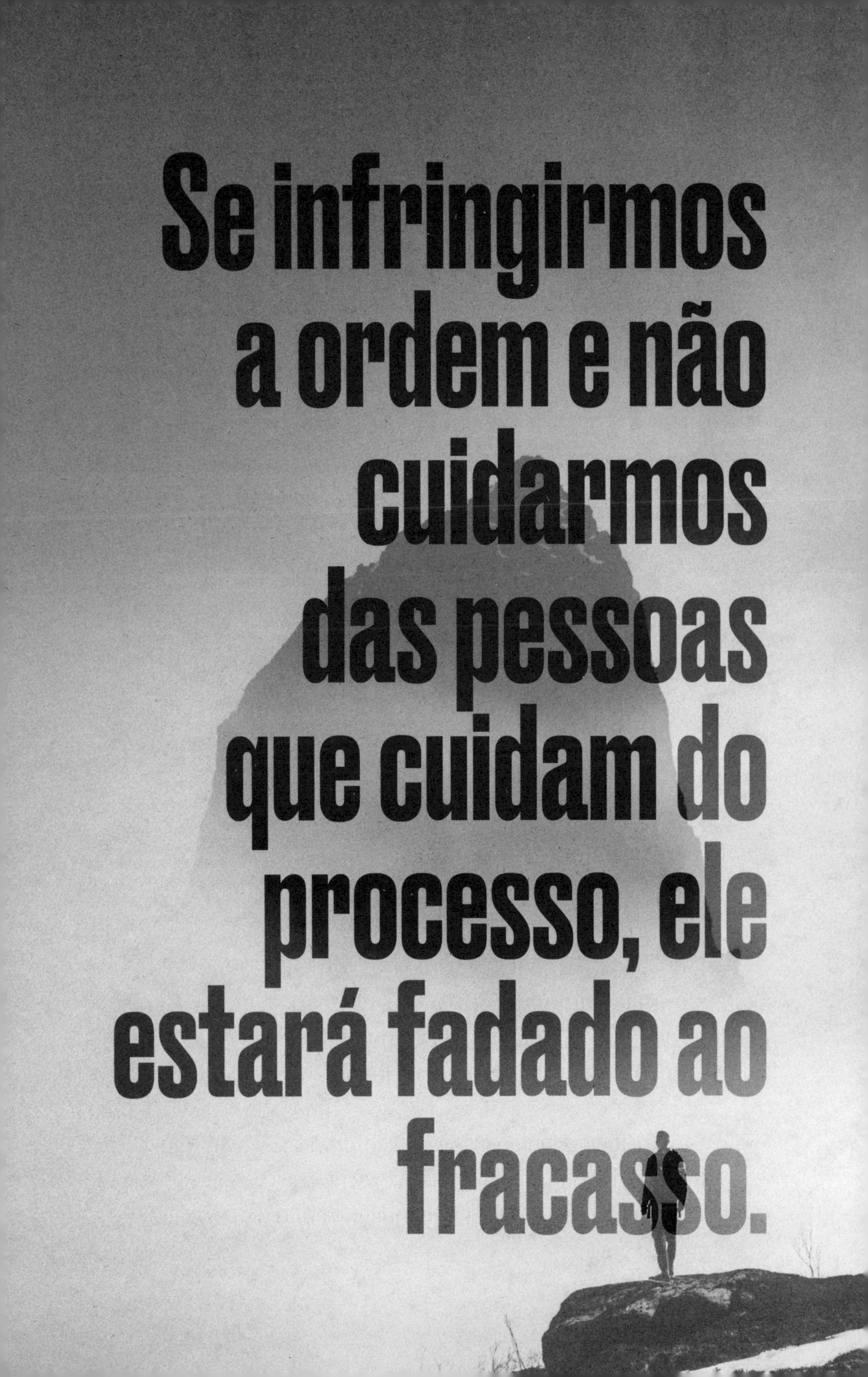

Se infringirmos a ordem e não cuidarmos das pessoas que cuidam do processo, ele estará fadado ao fracasso.

CAPÍTULO 9

CULTURA DE ENTREGA

Durante todo o processo empresarial o nosso objetivo principal sempre foi o mesmo, realizar a melhor entrega, afinal, o cliente ou aluno, é prioridade. E nesse quesito minha mãe sempre foi o parâmetro de excelência escolhido.

Como ela operou sete vezes o joelho, anda de andador e tem a saúde um pouco debilitada, a coloco como marcador, porque ela precisa estar segura em treinar em qualquer uma das nossas academias.

Assim, o termômetro sempre foi a fragilidade da saúde da minha mãe sendo atendida por qualquer professor das nossas unidades. Uma entrega de excelência.

Sempre existiu uma preocupação como cliente em relação a entrega do professor, por isso, nunca tiro os olhos disso, a fim de não deixar pontas desamarradas.

Acredito que esse fator está conectado com a parte espiritual, porque Jesus sempre se preocupou com as pessoas, Ele não olha para nossos erros, não se importa com nossas "mãos", se importa com nosso coração.

Acredito que esse foi um dos fatores que me motivou a estender a rede, porque eu sabia que existia um *déficit* de atendimento em grandes redes, devido ao modelo de negócio. Não significa dizer que eles estão despreocupados com as pessoas, mas que o formato de negócio deles é completamente diferente do meu, uma democratização do atendimento personalizado em grandes números de pessoas.

O MEU FORMATO SEMPRE FOI FOCADO NA ENTREGA.

Sempre me preocupei em fazer, nem que fosse uma vírgula a mais de entrega do que as outras empresas fazem. E essa preocupação me motivou a abrir mais unidades, porque eu sabia que mais pessoas seriam impactadas.

Essa sempre foi a nossa missão, implantada através da cultura da empresa, formada nos treinamentos. Nesse processo de formação cultural é primordial entender que pessoas precisam de pessoas.

No desenvolvimento pessoal todos os tipos de processos exigem que você olhe no olho do seu colaborador. O olho no olho e a transparência da verdade sempre vão ser um divisor de águas.

O LÍDER TEM QUE SABER QUE PRECISA AGREGAR VALOR ÀS PESSOAS. O PROFESSOR TEM QUE SABER QUE PRECISA AGREGAR VALOR ÀS PESSOAS.

Porém, a rotina faz com que, por vezes, percamos a percepção, uma vez que ela faz com que entremos em um ciclo contínuo de tarefas, e nesse contexto, a humanização pode se perder.

Nos processos de treinamento, o olho no olho humaniza, traz de volta a percepção humana e faz com que seja possível sair da rotina de processo. Por isso, o treinamento em relação a cultura da empresa precisa ser direcionado para o futuro, para a missão e visão empresarial.

Todos os nossos treinamentos são voltados às pessoas, ao desenvolvimento pessoal, ao autoconhecimento e ao futuro. Essa preocupação existe porque quando trazemos à tona os pontos relevantes de estarmos ali, a pessoa recorda a visão e missão, que serão intensificados com a entrega de ferramentas, mostrando que as pessoas sempre virão antes dos processos.

Dentro dessa proposta, o foco do profissional não é o salário ao final do mês, mas realizar um atendimento diferenciado, se preocupando com a senhora que precisa de atendimento, com o senhor que precisa de ajuda, ou ainda, com o depressivo que precisa de atenção. Você ativa pessoas, tocando no coração delas, consequentemente, o dinheiro se torna um resultado das suas ações.

Então, dentro dos treinamentos, a inserção da cultura, no nosso caso está voltada ao atendimento, a preocupação com pessoas. Como seria muito difícil para mim administrar os professores, precisei buscar uma fórmula.

Na Bíblia é possível observar uma forma de treinamento hierárquico, que é de 10 em 10 e de 100 em 100. Dentro desse padrão, caberia a mim me preocupar com os 10, para que esses, dentro dos seus setores, se preocupassem com os 100; conseguindo dessa maneira, fazer uma cultura de escalagem.

Existe uma força muito grande que você precisa fazer para manter a sua cultura, e no momento que entender isso, também se atentará ao fato de que precisa estruturar muito bem o setor de contratações, o RH. Então, no nosso caso, a estruturação do RH aconteceu no momento de escalagem cultural da empresa, a fim de realizarmos uma manutenção cultural. Esses cuidados implicam em estar conectado 100% com a empresa, com o objetivo de encontrar a solução certa, no momento de necessidade.

NÃO É PRECISO INVENTAR NADA, APENAS APRIMORAR.

Não temos como reinventar a roda, mas podemos fazer com que ela gire em níveis diferentes de eficiência. Tudo que utilizamos hoje, no nosso dia a dia, foi inventado por alguém.

Precisamos apenas pesquisar e encontrar soluções adequadas para as situações que aparecerem, ou seja, o remédio certo para aquela dor. Afinal, a empresa vive várias dores em vários momentos. Se o gestor não tiver atento à solução para aquela dor, provavelmente, em um curto período, não vai ter somente uma dor, terá duas.

Os materiais dos treinamentos devem ser colocados no momento certo, onde a percepção do gestor é uma exigência muito mais significativa e eficaz do que a força do braço.

Tudo que conquistamos foi construído por pessoas, porque colocamos a pessoa adequada no lugar certo. Depois, realizamos os treinamentos de acordo com as necessidades dela e da empresa, fazendo uso de muito material didático: livro, *podcast*, treinamentos direcionados.

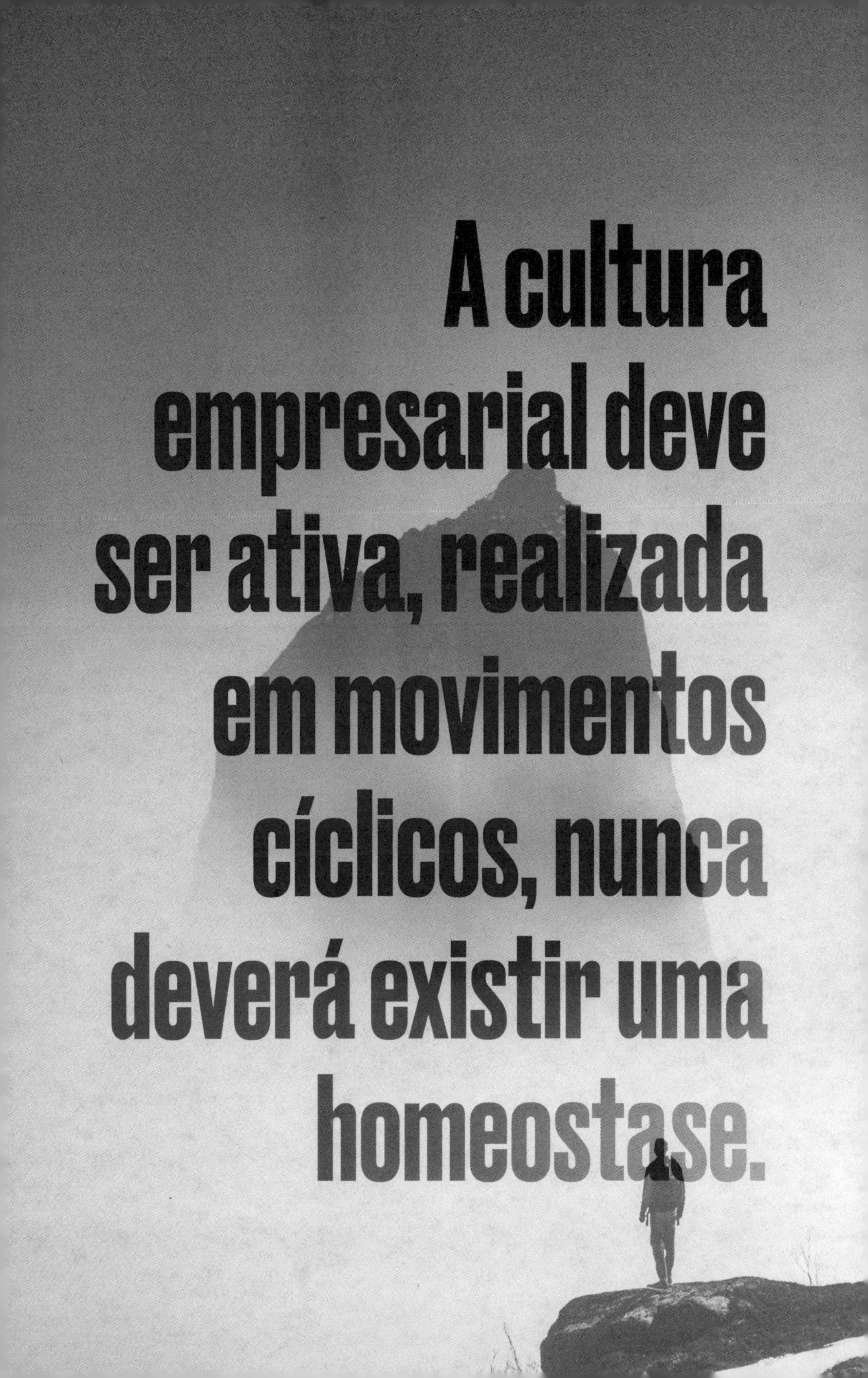

A cultura empresarial deve ser ativa, realizada em movimentos cíclicos, nunca deverá existir uma homeostase.

CAPÍTULO 10

LIDERANÇA CONSCIENTE

Sendo o primeiro líder, não tem como fugir do exemplo, e essa é uma característica forte dos cargos de liderança. O líder tem um termômetro que evidencia para as pessoas onde está o amor dele. Muitas vezes, ele mesmo não percebe, mas as pessoas enxergam, por exemplo, quando um líder ama o que faz e quando ele exerce sua função pelo dinheiro.

Como vimos na abordagem sobre a metamodelagem, os colaboradores se moldam ao líder, então, ele deve ser o primeiro a amar o que faz, inspirar pessoas. Assim, também tem que ser o primeiro a acelerar o time e entregar com excelência.

É muito importante ser um líder com essência, para gerar profissionais que também carregam a essência da empresa. Dessa maneira, sendo o primeiro a fazer o que deseja que seja feito, terá profissionais com o mesmo perfil.

Para isso, o líder deve se reciclar primeiro, tanto fisicamente quanto emocionalmente, afinal, ele precisa ter uma constância na reciclagem para não se perder na rotina.

Lembrando sempre que, no processo hierárquico, o líder é o primeiro, mas de baixo para cima, já que as pessoas mais importantes são os clientes. Depois os colaboradores diretos, os gestores e a diretoria. A pirâmide deve ser invertida na ordem de prioridade porque se a sua empresa necessitar do líder para que todos os processos funcionem, essa empresa estará falida, não se trata de uma empresa, mas de um império.

A empresa precisa caminhar com os processos ajustados e andando conforme programado, pois, nesse sentido, o líder é o menos importante da empresa. Os clientes sempre devem ser as pessoas mais importantes depois dos colaboradores diretos. O colaborador direto, a gestão e a diretoria, andam em ordem invertida porque a ordem de prioridade sempre tem que ser entrega e não a receita.

QUANDO SE TRABALHA A ENTREGA, A RECEITA AUTOMATICAMENTE VEM, QUANDO SE TRABALHA PELA RECEITA, PERDE NA ENTREGA.

O líder é quem inspira para manter esse processo com harmonia de entrega e depois receita. Se o líder começar a olhar a receita, os liderados começarão a olhar a receita. Se o líder olha a entrega, os liderados olharão para a entrega. Se não houver uma reciclagem frequente, ele para de olhar a entrega e começa a olhar a receita.

Acredito que todos os empresários passam por essa fase de transição, onde precisam de reciclagem, senão, acabam colocando os processos antes das pessoas.

AS PESSOAS SEMPRE VEM ANTES DOS PROCESSOS E A ENTREGA SEMPRE VEM ANTES DA RECEITA. SE NÃO RECICLAR, ACABA INVERTENDO A ORDEM.

Isso é tão claro na nossa cultura, que o nosso formato está fundamentado em Jesus. Ele sempre tinha boas respostas, mas sabia fazer as melhores perguntas. Então, seguimos esse formato porque quando você pergunta, faz uma reflexão e quando responde, impõe.

Todos os outros fatores de liderança devem ser para reflexão:

- Por que estou fazendo?
- O que estou fazendo?
- Como vou realizar?
- Quando vou concretizar?

Essas perguntas devem estar claras no formato de uma liderança. Se não tiver essa clareza, provavelmente, estará andando sem norte. Não tenho dúvidas que Jesus tinha muito clara a resposta, Ele sabia exatamente o porquê, o que, como e quando realizar o que precisava ser feito.

Jesus é o meu maior Conselheiro, pois a todo tempo O consulto. Tenho minhas convicções espirituais e uma delas é que Ele habita dentro de mim. Então, temos uma conexão, e isso muda meu formato de liderança, uma dependência que me permite fluir no processo sem confiança apenas em mim, a fim de minimizar os erros.

A liderança baseada em um ser humano tem uma tendência a ser errônea. Contudo, a diferença do líder eficiente é que ele sabe que um erro é normal, mas não é comum.

Quando se entende que errar é normal, mas não é comum, se conserta rapidamente o erro, e volta novamente para a frequência. E quanto mais rápido voltar, mais eficiente seu time será. Quanto mais tempo permanecer no erro, mais tempo seu processo estará congelado.

E quando você tem um consultor, um conselheiro dentro de você, que pode consultar como uma referência, uma reciclagem com frequência, muito mais rápido retorna do erro.

Logo, os líderes são diferentes, mas a essência precisa ser a mesma. E assim, um líder detecta outro líder, com a mesma frequência, enquanto exerce sua liderança.

Atualmente, nas nossas unidades existem líderes que exercem uma liderança tão eficaz quanto a minha, a diferença, no nosso caso, é que eu faço a gestão dos líderes, mas certamente eles lideram os colaboradores muito melhor que eu mesmo.

Porque, se você, como líder, não formar pessoas melhores do que você, significa que não está entregando tudo. Se as pessoas têm acesso a todos os seus acertos e evoluem em todos os erros, naturalmente, se tornarão melhores do que você.

Quando se é um líder com essência, entende que está sempre em um processo de aprendizagem e esse processo é um ciclo contínuo que nunca vai acabar.

O autoconhecimento faz com que identifiquemos mais rapidamente os erros, então, passamos a ser uma fonte de busca por soluções. Para assim, solucionar e sanar problemas existentes na sua vida pessoal e empresarial, em ciclos que nunca se encerram.

Logo, a fase de aprendizado do líder sempre vai existir, de uma forma contínua e com prazo indeterminado. E nesse processo de aprendizado quando identifica um erro, rapidamente quer resolver e acertar.

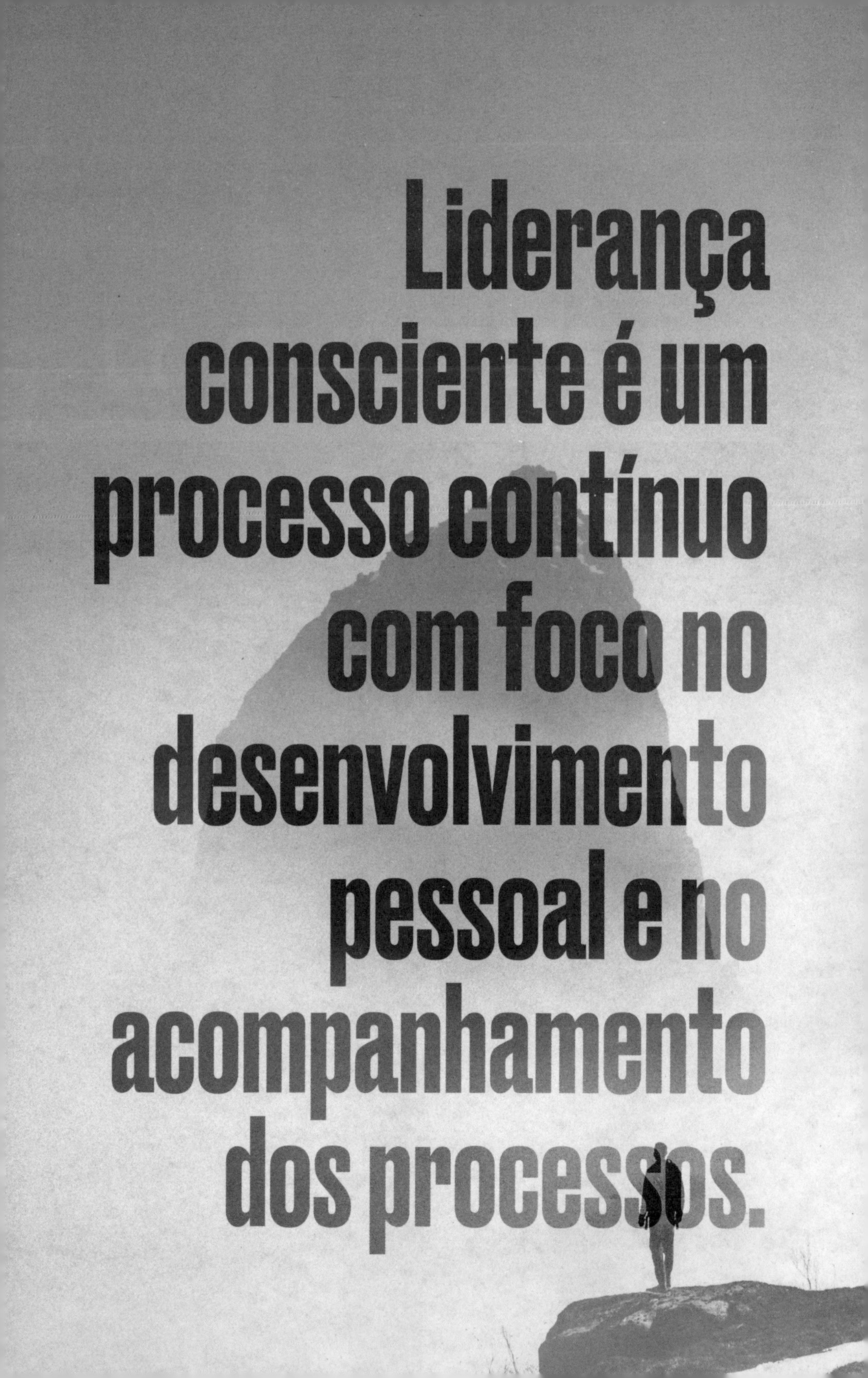

Liderança consciente é um processo contínuo com foco no desenvolvimento pessoal e no acompanhamento dos processos.

CAPÍTULO 11

PESSOAS PRECISAM DE PESSOAS!

Uma rede de relacionamentos é estratégica para todas as empresas porque pessoas precisam de pessoas. Então, não tem como avançar no processo sem ter intervenção de pessoas na sua vida. E dependendo das pessoas que intervêm, elas podem te levar para cima ou podem te deixar em homeostase.

O sensor humano logo detecta quem vai fazer mal para a sua vida e por uma questão de proteção, você remove da sua vida, principalmente, os que são fáceis de detectar, como os mentirosos e invejosos.

O que não é fácil identificar são as pessoas que te mantém no mesmo lugar por anos, décadas ou até uma vida inteira. Então, o perigoso do *network* são as pessoas que o mantém em homeostase. Normalmente, são pessoas que não agregam nada na sua vida e não agregam nada no seu negócio.

E as pessoas que vão te levar para cima vão alavancar e estruturar o seu negócio, o impulsionando. Essas pessoas, para manter o ponto de conexão, é muito mais difícil, dá muito mais trabalho porque são pessoas que normalmente tem uma rotina excessiva, com um cronograma diário, que acaba sufocando a agenda, devido ao excesso de atividades do dia a dia.

Assim, para entrar na rotina dela você tem que ser alguém interessante. Se você não for alguém interessante, dificilmente essa pessoa vai querer se conectar com você.

E normalmente, as pessoas que agregariam muito ao seu negócio, com algo a oferecer, tem um preço, que nem sempre é dinheiro. Mas, algumas qualidades acima da média que podem agregar ao cotidiano exaustivo desse contato que poderia lhe ajudar.

Portanto, no meu ponto de vista, o mínimo que você tem que ser é alguém acima da mediocridade da média, ou seja, ser honesto, transparente e trabalhar com a verdade, pois o mundo tem uma necessidade dessas vertentes. O mundo tem necessidade desse tipo de pessoas e se você trabalha com a generosidade, a honestidade, com valores de caráter e decência, se tornará alguém interessante.

Logo, para você ser interessante, necessariamente, não precisa ter dinheiro, mas precisa ter algumas qualidades que o dinheiro não compra. E essas qualidades atraem pessoas de negócios porque esses profissionais sabem ler as pessoas.

Um relacionamento bom acontece com pessoas boas, primeiro nós plantamos, depois regamos, começa a crescer e depois vem os frutos. É um processo demorado.

O fruto é algo que só esse tipo de relacionamento pode gerar. Existem várias pessoas dentro da minha rede de *network* que agregaram na minha vida. Contudo, em uma rede de relacionamento, posso avaliar que elas foram 50% em um processo de 100%, a outra metade, os outros 50%, foi Deus.

Posso afirmar isso porque não tinha condições financeiras para chegar onde cheguei, para adquirir uma academia, imagine uma rede de academias. A minha rede de contatos foi muito importante nesse processo, assim como, a mão de Deus.

A minha parte foi a força de vontade e determinação, pois sempre trabalhei com a verdade, honestidade, generosidade, fatores que abriram a minha rede de *network*. E a minha rede de contatos trouxe pessoas necessárias, nos momentos de necessidade.

E cada um desses momentos foi fundamental para que eu chegasse até aqui. Então, se eu fosse uma pessoa arrogante, prepotente, provavelmente a minha rede de contatos seria outra, e tenho certeza de que não estaria onde estou hoje.

Eu sou uma pessoa que me considero interessante, por vários motivos, no entanto, existem pessoas que se acham suficientemente boas a ponto de acreditar que eu não posso agregar nenhum valor à vida delas, e está tudo bem. A diferença é que eu não vou correr atrás desse tipo de relacionamento.

Existem pessoas que vejo a força de vontade e ajudo com o maior prazer do mundo, mas minha rotina é muito agressiva para investir em pessoas que se acham melhor que outras.

Assim, para se construir uma rede de relacionamentos precisa haver ação. Não tem como esperar que o Abílio Diniz, por exemplo, venha até você para ser seu amigo. Para que isso acontecesse, eu precisaria ser interessante para ele em algum ponto.

Contudo, quando você tem um produto de sucesso, o *MVP* já concluído, é muito mais fácil de aderir pessoas para a sua rede de contatos, porque o meu negócio é interessante.

Sempre volto a minha ótica para o ponto de que ser interesseiro e ser interessante tem uma diferença muito grande, mas na minha percepção, por mais que a pessoa seja interesseira, se ela não deseja o que eu tenho mas almeja chegar onde eu cheguei, está tudo certo, não me incomodo. Vejo essa situação como alguém que deseja viver coisas que eu já vivi, aprender o que eu já sei.

Por isso, posso afirmar que a troca de ambiente, no processo de crescimento pessoal e profissional, é algo necessário. Por exemplo, uma pessoa que recebe um salário mínimo tem um tipo de ambição, de meta e de sonho, algo que esteja ao alcance dela. Em um ambiente onde pessoas vivem com salário maior, haverá outros tipos de ambições, metas e sonhos.

Alguns autores falam que nós somos a média das cinco pessoas com as quais mais convivemos, e eu concordo com essa teoria, por isso, relacionamento precisa ser algo intencional.

No entanto, é importante avaliar que, as pessoas com as quais nos relacionamos, frequentemente, podem acessar o nosso coração, fazendo com que nos moldemos a elas através do partilhar de sonhos, metas, e até mesmo *life style*. E se acontece a conexão, limita alguns sonhos que estão disponíveis para você. Por outro lado, mesmo convivendo em uma rotina extensa e intensa, se não houver acesso ao seu coração, você não se molda a ela.

CUIDADO COM QUEM ACESSA O SEU CORAÇÃO!

Contudo, não devemos fazer acepção de pessoas, mas de ambiente. Eu faço muito isso, tenho plena consciência que existem ambientes que não são pra mim, então, não acesso mais.

Mas, independentemente de ambiente, a minha gratidão por pessoas que passaram pela minha história permanece, e sempre darei o meu melhor a cada uma delas.

Muitas coisas estão disponíveis em outros ambientes, precisamos somente acessá-los. É como se você estivesse no chão, tentando enxergar algo que está em cima da geladeira, mas você não consegue enxergar. Só será possível quando sobe em um banquinho. A troca de ambiente é isso, você muda de lugar e visualiza o que antes não via.

Muitas coisas só enxergamos quando mudamos de nível. E você só eleva o seu nível com a ajuda de alguém. Quando você sobe de nível, começa a enxergar coisas que poucas pessoas enxergam, e conforme você vai subindo, vai diminuindo o número de pessoas que enxergam algumas coisas, e isso não irá lhe tornar melhor do que ninguém, mas dará o privilégio de enxergar coisas que pouca gente enxerga.

MUDE DE AMBIENTE E AMPLIE SUA VISÃO!

Eu tenho um conceito chamado Tríade da amizade. Em uma ponta existe pessoas que nos ensinam, em outra, compartilhamos conhecimento com pessoas do mesmo tamanho que nós, e na outra ponta, ensinamos. No momento que essa tríade é quebrada, há uma incompatibilidade no ciclo de desenvolvimento dos relacionamentos.

Isso acontece porque dentro da tríade, em algum momento você terá o mesmo conhecimento que a pessoa que te ensina, assim, se tornará a pessoa que compartilha ensinamentos. E assim a tríade vai se modificando e encerrando ciclos.

Para que o ciclo recomece é preciso reciclar e ressignificar as pessoas, porque você vai precisar de uma outra via, que ensine algo novo, assim como, de novas pessoas para você ensinar o que sabe.

Existe uma outra frente, que é a frente do ensino, afinal, ninguém ensina o que não aprendeu. Então, se não tem quem te ensine, dificilmente você vai ensinar alguém. Por isso, tenho um grupo de mentoria gratuita, que acontece todas as terças-feiras pela manhã.

Mas, também tem os colaboradores, nos quais faço investimentos fortíssimos na área de desenvolvimento pessoal, inclusive, tirando um percentual da empresa para isso, a fim de gerar conhecimento, mudar o ambiente e estimular para que ensinem o que aprenderam.

O ser humano foi criado para se relacionar, então, no momento em que uma dessas frentes se encerra e o ciclo de relacionamentos se quebra, se você passa somente a aprender, se torna como um rio represado, sem vida. Exatamente como o mar morto, que retém tudo que chega até ele.

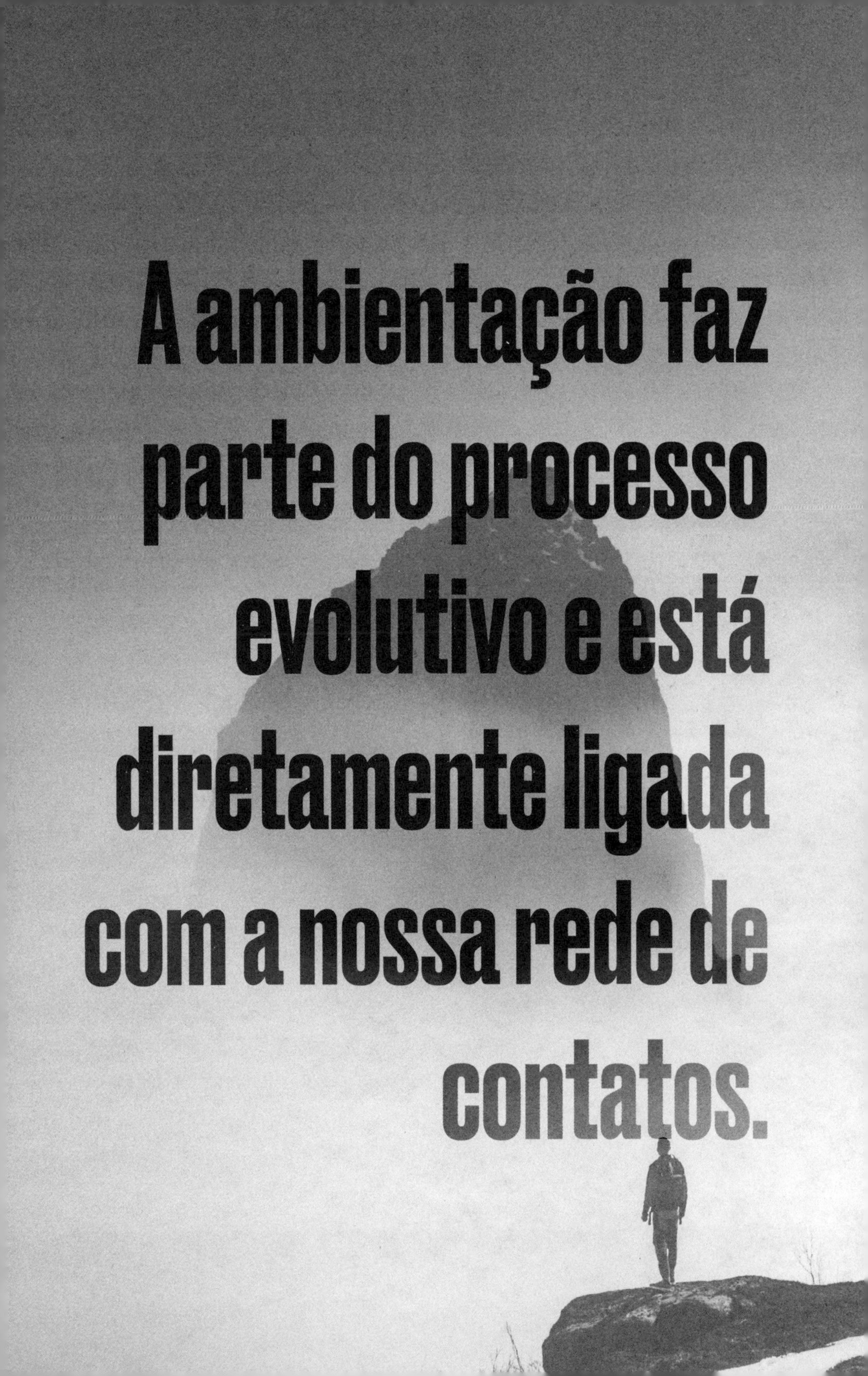
A ambientação faz parte do processo evolutivo e está diretamente ligada com a nossa rede de contatos.

CAPÍTULO 12

ESTRUTURE OS PROCESSOS

Na minha gestão organizei toda a parte administrativa e financeira com a ajuda de mentorias. Após o fluxo de caixa, a DRE, contas a pagar e receber estarem organizadas, precisei aumentar o fluxo financeiro da empresa.

Tudo estava organizado e centralizado em mim, era o início de tudo. Precisávamos aumentar a receita com a entrada de novos alunos, e para isso, contratei uma consultoria para melhorar as vendas, com a melhor consultora do mercado *fitness* do país, Noara Pozzer.

Na época, todos os recursos estavam relocados para as coisas da academia, para a expansão, compra de máquinas, para a reforma, e o *budget* que estava disponível, não alcançava o valor da consultoria.

Contudo, eu tinha certeza que o número de clientes que essa pessoa iria trazer em 30 dias, cobriria o valor investido. Foi um risco calculado que poucas pessoas fariam, mas eu a contratei com o meu limite de crédito.

A consultora acrescentou e incrementou até os processos que eu havia organizado, saindo de um patamar aceitável para excelente. Além disso, trabalhou os padrões de metas, mensalmente, e assim, em poucos meses, já havíamos triplicado o número de clientes e retornado o valor do investimento.

Em academias, a liquidez da empresa se dá no excesso do número de clientes. Por exemplo, com 1.000 alunos na academia, que é um número excelente, você precisa calcular o *break even*, a fim de saber qual é o número excedente, ou seja, qual será sua liquidez.

No caso de um *break even point* de 900 alunos, restarão apenas 100 para garantir a liquidez. Nesse caso, 100 alunos não é um bom número, já que o ideal seria dobrar o número de alunos, acima do seu *break even*, a fim de gerar uma margem de lucro entre 30% e 40%.

Sendo assim, é preciso ficar de olho nas metas, alcançar cada uma delas, realizando uma excelente entrega, para gerar receita, pagar as contas e avançar. Por fim, a implantação do plano de metas foi um sucesso, uma vez que nós não tínhamos isso bem definido, vendíamos no balcão ou através do serviço de *marketing*, sem efetividade nas vendas.

Comecei a estruturar todo o processo de vendas porque entendi que ele iria colocar mais alunos na academia, já que nosso serviço era bom, e uma vez lá dentro, não iriam sair mais.

A primeira coisa que fiz foi começar a multiplicar tudo que eu fazia, com número agressivos, e alcançava. Eu sabia que oferecia algo bom, mas era como se estivesse mal embalado, ou seja, nada vendável.

Então, foquei 100% no processo de vendas, que fugia do meu alcance e acompanhei todo o processo de avanço pós-consultoria. Estar atento a todas as informações relacionadas aos processos é fundamental para ter uma empresa saudável, que deve ter um cronograma de crescimento bem definido e uma programação alinhada com a visão dela.

O empresário tem que saber fazer o fluxo de caixa, o DRE, tem que saber o balanço, isso é o básico, as estratégias operacionais são o *plus*. Se não souber disso, provavelmente estará fadado ao fracasso.

CUIDADO COM A SAÚDE LÍQUIDA DA SUA EMPRESA, PORQUE ISSO PODE DETERMINAR A ENTREGA DO SEU SERVIÇO.

Na segunda e na terceira academia entrou um sócio que está comigo até hoje, na operação. Um amigo e cliente que vivenciava a entrega do nosso serviço e acreditou no projeto, o GILIARD.

Ele relocou recursos de acordo com a valorização do negócio, pois não tínhamos recursos suficientes para abrir. Foi um momento de muita ousadia, coragem, determinação e superação, confiando que as estratégias iriam minimizar a chance de quebrar.

Por vezes, o recurso mal locado é o responsável pelo insucesso da sua empresa. Por isso, o empresário tem que trabalhar com o *feeling* para saber onde vai relocar o recurso da empresa.

Vou pontuar com um exemplo: Posso colocar um piso de cem reais ou um piso de duzentos reais, mas se o de cem fornecer o mesmo impacto, coloco o de cem reais. Com a diferença posso investir em mais aparelhos.

RELOCAR RECURSOS NOS PERMITE ENTREGAR O QUE O NOSSO CLIENTE PRECISA.

Na primeira academia, o recurso físico, estrutural, foi bem baixo. Colocamos piso reutilizável, portas sanfonadas nos banheiros, mas máquinas importadas para atender bem a necessidade dos alunos. Assim, quando os alunos entravam, o que chamava atenção não era o piso reutilizado, mas as máquinas importadas.

Por essa ótica, eu opto pela melhor entrega aos alunos e não o que eu queria. Porque na verdade, eu queria ter um banheiro com porta de vidro, em um piso de primeira, mas não era o que eu tinha na época.

Quando você vai abrir, escalar, se o recurso não for suficiente, faça uso dele de modo estratégico para que consiga fazer com que a sua empresa tenha sucesso. Não adianta ter um excelente atendimento e uma péssima estrutura, não adianta ter um bom presente e um péssimo embrulho.

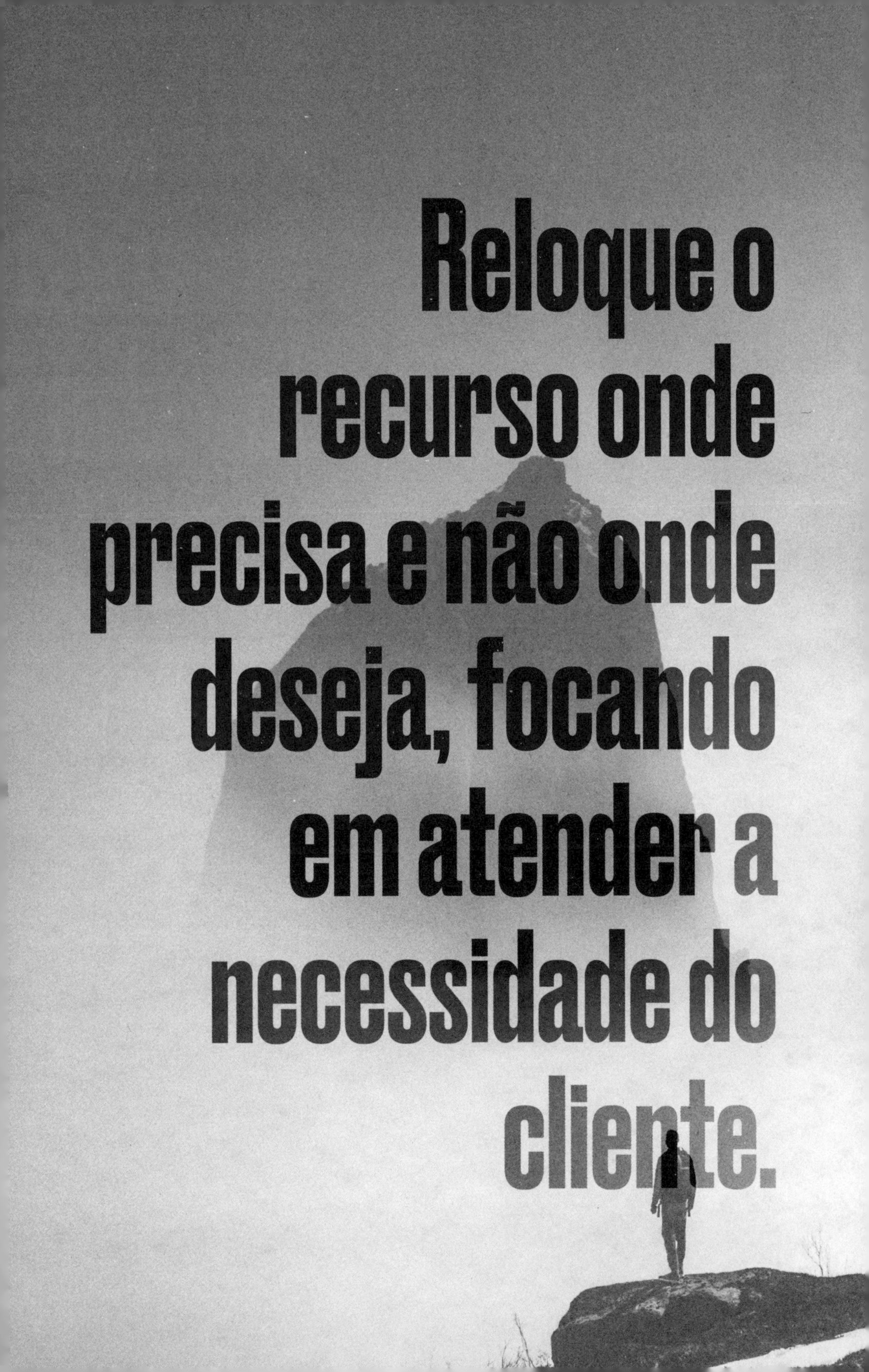

Reloque o recurso onde precisa e não onde deseja, focando em atender a necessidade do cliente.

CAPÍTULO 13

BASE BEM FUNDAMENTADA

Uma das práticas que eu faço até hoje, todos os meses, independente do dia, é retornar para a primeira academia que compramos. Vou de carro, como na mesma lanchonete, ando a pé no centro, revivendo tudo que fazia antes.

Todas essas recordações e memórias mostram o quão importante foi cada acontecimento, cada ambiente e cada uma das pessoas que passaram por mim. Não é um desejo de retomar aquele tempo e lugar, mas de resgatar a essência de tudo.. O ser humano é totalmente moldável e influenciável, mas tem muitas coisas que não quero que sejam alteradas.

As recordações fazem muito bem no processo de reciclagem, que é tão importante quanto qualquer outro recurso que você tem para lembrar que você não é melhor, tampouco maior que ninguém.

Cada momento da sua vida foi muito importante para aquela fase, mas todas as fases passam, contudo, é importante recordar e reviver memórias que te lembrem como chegou até onde está, promovendo assim, uma reciclagem emocional dentro de você.

Algumas pessoas trago na memória, outras eu faço questão de inserir na minha rotina anual, pela relevância na minha vida. O que eu puder fazer para honrar de forma simples ou de forma grandiosa, eu não perco a oportunidade.

A gratidão é o primeiro passo da honra. Então, quando você honra, você é beneficiado e não está beneficiando. Existem pessoas que faço questão de que participem desse ciclo de gratidão e honra.

Todo relacionamento precisa de manutenção, desde um casamento até uma amizade. Então, essa manutenção faço questão que exista, porque acredito ser importante que essas pessoas me tenham nas suas memórias, assim como eu as tenho.

Por exemplo, a pessoa de quem eu comprei a academia, até hoje a família dele e quem ele indicar não paga academia, não paga água, não paga Gatorade e não paga nada.

Todo o recurso que me disponibilizou naquele momento eu tento retribuir. Ao meu ver, de uma forma tão pequena, mas que ele recebe de forma grandiosa.

O que temos que fazer como uma forma de gratidão é honrar na medida do possível. Pode parecer algo pequeno e ser grandioso, ou vice-versa, não tem como mensurar isso.

Eu estou usando o exemplo dele, mas existem diversos alunos que me mandam mensagens e faço questão de responder. Me ligam e faço questão de atender. E quando eu tenho oportunidade, faço questão de encontrar, dar um abraço, apertar a mão, olhar no olho e falar obrigado por permanecer conosco até hoje.

E não é porque temos 50.000 alunos na base que um vai deixar de ser menos importante que o outro. Todos são relevantes, mas existem pessoas que marcaram a minha vida, por isso, faço questão de tê-las como referência.

A minha essência é de humildade, um dos sentimentos mais nobres que existem e que nenhum dinheiro do mundo consegue pagar. Por isso, no momento em que sou arrogante ou prepotente em uma situação, identifico muito rápido e já recuo, para que não gere ingratidão.

Porque a minha base é uma base de humildade, uma base de gratidão, e eu não posso perder isso. Porque se a sua essência for de ingratidão, dificilmente você vai reconhecer a gratidão. Então, é muito importante essa base ser construída com um radar: identificou o momento que não está sendo humilde, não está sendo grato, retorna para sua essência, porque isso não faz parte da sua vida.

Um dos momentos mais marcantes da minha vida aconteceu na minha infância, aos quatro anos de idade, quando eu estava em uma oficina mecânica junto com meu pai.

Eu encontrei um carrinho de brinquedo, de metal, pequeno, e comecei a brincar. Quando saímos eu levei o carrinho comigo. Quando eu estava brincando, já em casa, o meu pai perguntou que carrinho era aquele e eu respondi que tinha pegado na oficina do Chico louco.

Ele me pegou pela mão na mesma hora e me levou na oficina. Chegando lá, falou para eu devolver e nunca mais pegar o que não é meu. Isso marcou tão fortemente a minha vida, que acabou construindo uma base dentro de mim para nunca pegar nada do que não é meu.

Isso acabou gerando outras qualidades em mim, porque eu me tornei uma pessoa confiável, sempre agia dentro dessa linha, com um alto grau de senso de responsabilidade, conquistando minhas coisas e resguardando as coisas dos outros.

Por exemplo, o meu pai sempre se dedicou muito à família. Ele era um cara que trabalhava muito, tinha 2 empregos: trabalhava no Estado e na Prefeitura. E todo final de semana, sem exceção, nós saíamos juntos, a chamada voltinha da manhã.

Essa dedicação e vivência me fizeram valorizar a família. Claro que em alguns momentos eu quis desconstruir a família, mas a base não deixava, a construção foi bem estruturada e permaneceu até hoje.

Então, os exemplos podem parecer pequenos demais, mas são através de pequenos tesouros que saem grandes negócios. E foram esses grandes negócios, na composição, que fizeram quem eu sou.

É óbvio que precisei passar por uma transmutação, na parte espiritual, que me fez ressignificar alguns valores e algumas características, mudando para melhor, dentro da minha base bem fundamentada na infância.

A minha infância foi maravilhosa, não tenho o que reclamar, mas a minha adolescência foi um pouco conturbada. Teve uma desconexão temporária com os meus pais, eu não queria mais sair com eles, só com meus amigos. Mas, nem mesmo o alcoolismo do meu pai pôde alterar a base construída na infância, o respeitei e honrei até o final.

Na ressignificação espiritual, acrescentei algumas características, acrescentei outras bases, que fizeram com que eu caminhasse numa trilha de verdade, uma trilha de humildade, uma trilha com essência. E todos esses fatores por mais que cada um fale o que acha que tem, não são perceptíveis por você, mas são perceptíveis pelo seu resultado.

Então, se você tem resultado familiar, se você tem resultado com amigos, se você tem resultado com negócios, significa que a sua trilha está sendo verdadeira.

Agora, todo mundo pode falar que tem humildade, todo mundo pode dizer que sente gratidão, aliás, podem dizer qualquer coisa, inclusive que têm um caráter e essência, mas o que mostra quem é quem são os resultados.

Então, se você tem um resultado familiar, um resultado empresarial, se você tem um resultado de amizades, significa que o que sonhou um dia, quando era pequeno, conseguiu conquistar porque a sua base tem essência, tem humildade, gratidão, tem carisma e caráter.

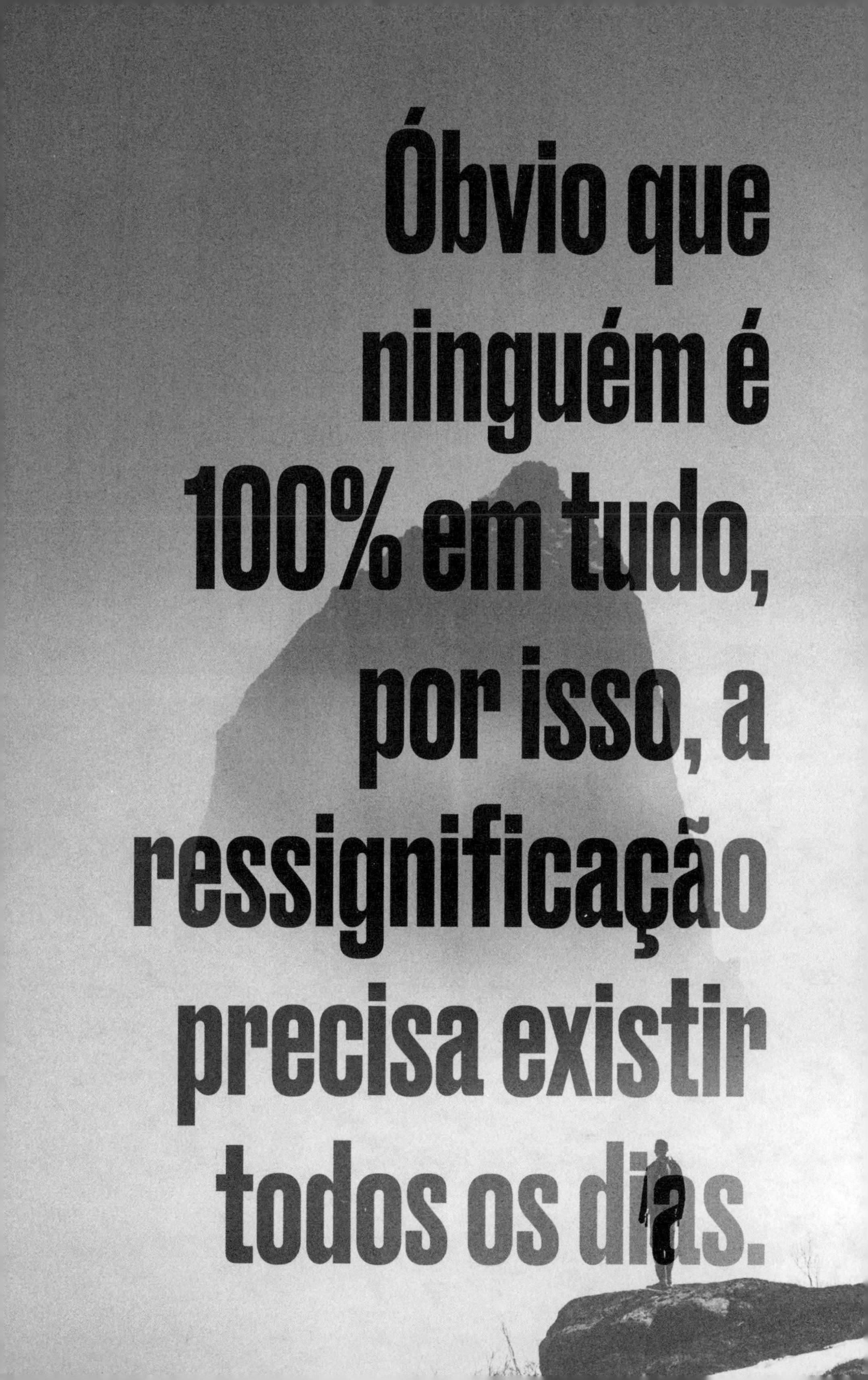
Óbvio que
ninguém é
100% em tudo,
por isso, a
ressignificação
precisa existir
todos os dias.

CAPÍTULO 14

PROPÓSITO

No momento que a primeira pessoa falou para mim que eu marquei a vida dela, identifiquei que era um propósito de vida empresarial, conectado com a parte divina.

A diferença de visão de propósito que eu tenho está fundamentada no fato de que o propósito, quando alcançado, gera uma realização pessoal, mas quando não realizado, envolve centenas ou dezenas de milhares de pessoas que serão afetadas por você não completar seu propósito.

Então, o problema de você não cumprir seu propósito não é a sua falta de realização pessoal, são todas as vidas que serão afetadas por você não estar dentro do seu propósito.

Existem muitas pessoas que precisam do que só você tem para entregar. E quando você não entrega, não está se prejudicando, mas está prejudicando centenas, ou até mesmo, milhares de pessoas.

Então, eu entendi isso, se não cumprir meu propósito eu vou estar prejudicando pessoas. Eu tenho senso de compaixão, o que me impede de não cumprir meu propósito.

Descobrir meu propósito foi minha primeira virada de chave. Fazendo o bem para uma pessoa, marcando uma vida, pude entender que se eu não o cumprisse, deixaria de marcar outras pessoas.

PESSOAS SERIAM PREJUDICADAS, PELA MINHA FALTA DE VONTADE EM CUMPRIR O MEU PROPÓSITO.

Na minha crença espiritual, acredito que todos nós temos Deus dentro de nós, então, nós somos a ferramenta material que Ele utiliza para trabalhar na vida das pessoas.

Nós somos o templo do Espírito Santo, Deus liberou o sopro de vida em nós, por isso, existe algo de nós que tem a necessidade espiritual de nos religar com Ele, estar presente e conversar com Deus. Existe um preenchimento que só Ele completa em nós.

E quando Deus nos completa, habitando dentro de nós, passamos a ser uma ferramenta Dele pra ativar outras pessoas. Logo, em todos os momentos, precisa existir uma conexão entre o que eu faço e o que Deus quer. A partir do momento que eu faço o que Ele quer, estou cumprindo meu propósito espiritual nessa Terra.

Porque existe um alinhamento entre o que eu faço e a vontade de Deus, construído com relacionamento e leitura bíblica. Porque se eu não souber o que Ele quer que eu faça, dificilmente vou fazer o que é à vontade Dele.

PROPÓSITO TEM MUITO A VER COM O RELACIONAMENTO E ALINHAMENTO COM DEUS.

As ações que faço relacionadas ao meu propósito devem estar ligadas e conectadas com o que Deus quer. Óbvio que não acontece na íntegra, existe a margem de erro, porque sou falho pra caramba, e por isso, não sigo 100% o que Ele quer, mas me esforço todos os dias para chegar nos 100%.

Na cultura brasileira somos muito apegados a carga horária, algo embutido desde a época da escola, que está diretamente ligada à era industrial. Mas, como empresário, essa realidade deixa de existir, precisamos trabalhar muito mais do que as outras pessoas.

Por essa perspectiva, quando trabalhamos doze horas por dia, em um dia intenso de trabalho, estamos meio dia a frente das que cumprem carga horária. Mas, só consegue fazer isso quem tem um propósito, quem sabe onde quer chegar.

SE VOCÊ NÃO TEM UMA VISÃO DE FUTURO, DIFICILMENTE VAI CRIAR UMA MISSÃO COM PROPÓSITO.

Eu sabia onde queria chegar porque construí isso no primeiro dia, não tinha certeza nenhuma se conseguiria chegar, mas a minha força de vontade fez com que eu saísse da inércia, minha dedicação e meu foco fizeram com que eu chegasse onde estou hoje, com uma rede de 18 academias.

No começo, houve uma troca de energias, mas do começo para o meio, o que alimentou meu avanço foi meu propósito e a minha visão. Eu sabia onde eu queria chegar e sabia que marcando pessoas e cumprindo com tudo aquilo que precisava fazer, entregando meu melhor, iria conseguir chegar no meu objetivo.

Afinal de contas, o que desejo realizar é muito maior do que o que preciso fazer, e isso só é possível ser entendido quando concentro minhas ações focado no futuro, tendo o propósito como um dos combustíveis do presente.

Existem diversos conflitos que você vai encontrar no presente, relacionados a carga horária excessiva, abrir mão do seu conforto e do seu descanso. Muitos questionamentos surgirão, e haverão dias em que você se perguntará o porquê de estar fazendo o que faz, questionará Deus e se questionará.

Por isso, se você não estiver bem fundamentado no que faz no presente e onde chegará no futuro, certamente irá se perder. Vai retroceder, porque não vai se sustentar.

O maior responsável pela sua própria vida é você mesmo e as suas ações determinam o seu sucesso. Portanto, temos que ser intencionais em tudo que fazemos, seja para descansar, seja para jogar conversa fora, porque tudo leva a algum lugar.

Um bom exemplo para isso é a ambientação física. Alguns anos atrás, um amigo me emprestou uma *Porsche* para deixar na frente da segunda loja que a gente inaugurou, com a finalidade de chamar atenção e gerar um *Branding*.

Quando entrei no carro, disse que um dia queria ter um carro daquele. Se eu não tivesse entrado, não teria despertado o sonho ou não teria deixado mais fácil o acesso a esse sonho. Ver na rua é uma coisa, entrar nela é totalmente diferente.

Da mesma maneira, não adianta querer morar no Morumbi e não sair da comunidade, reafirmando novamente que é um comparativo de ambientes, existem amigos e pessoas sensacionais nos dois lugares, não tornando um melhor que o outro no contexto de pessoas. Se quero morar no Morumbi, tenho que andar pelas ruas do bairro, frequentar imobiliárias, visitar casas, porque somente a minha mente pode me privar de realizar meus sonhos.

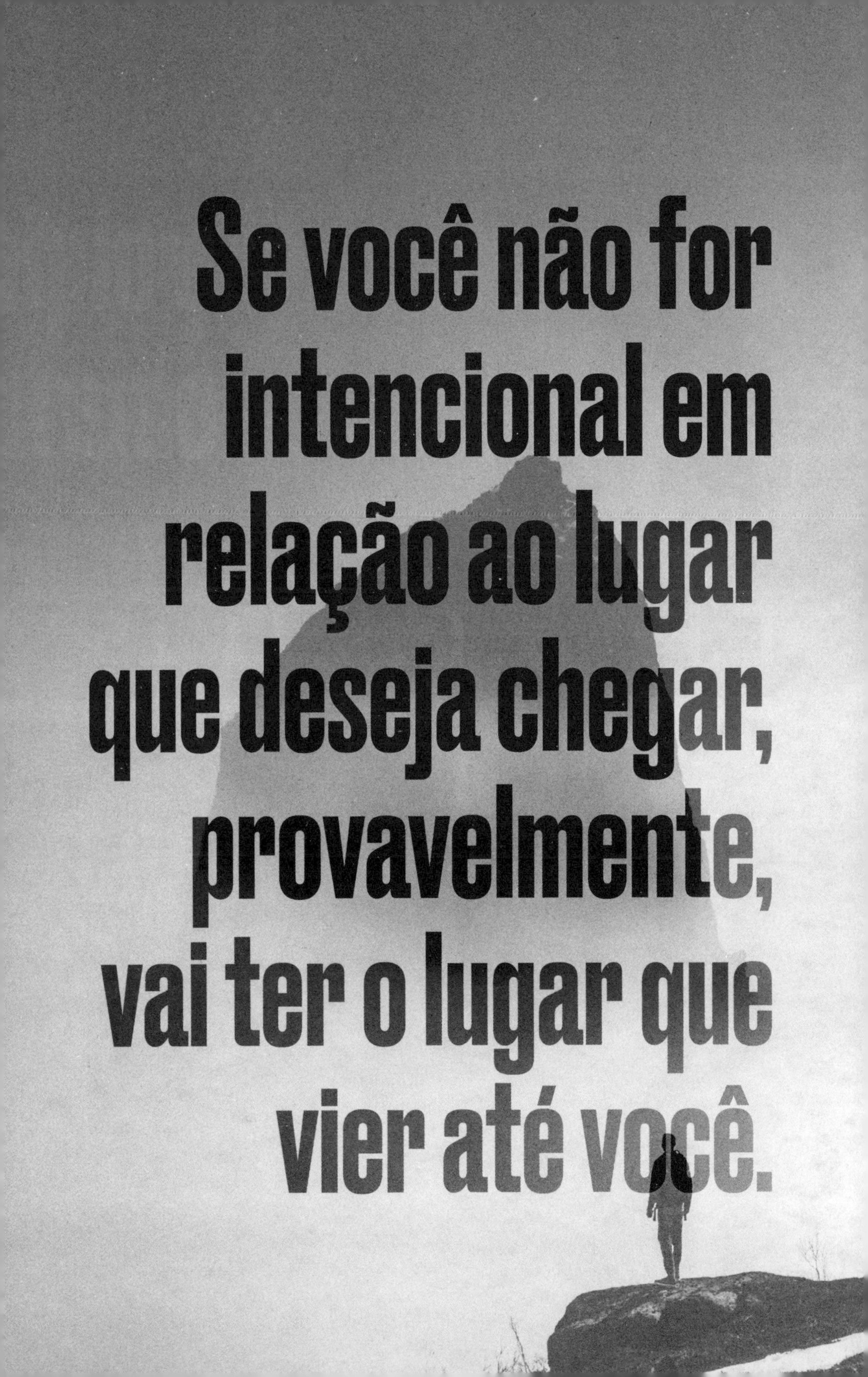
Se você não for
intencional em
relação ao lugar
que deseja chegar,
provavelmente,
vai ter o lugar que
vier até você.

CAPÍTULO 15

INTENCIONALIDADE

Com o conhecimento que tenho hoje, se fosse orientar alguém em relação ao futuro, certamente diria para ser intencional. Primeiro definindo "o que" quer e "como" vai fazer para chegar onde deseja.

Atualmente, muitos jovens começam a faculdade e buscam arrumar um emprego em qualquer lugar, sem definição do que realmente deseja para a própria vida. Por isso, precisa ter uma boa definição do que pretende alcançar, para definir o como, com muita intencionalidade.

Por exemplo, dentro do meu segmento, os que almejam ser dono de academia, não devem seguir o caminho de escola pública ou privada, mas focar na área de *wellness*, *fitness*, ou seja, ir para área de academia.

Entretanto, não é uma ação que vai fazer você ser dono de academia, o que muda a sua vida é uma sequência de ações com constância até o resultado final. A dica que eu daria para um estudante de educação física seria definir o que quer e ter constância no como vai fazer. Isso para mim foi fundamental!

Óbvio que na época da faculdade eu não tive essa direção, então, fui gandula, trabalhei com futebol, mesmo sem afinidade com o esporte, mas foi colocar o pé em uma academia que soube que queria ser dono de academia.

O conjunto de pequenas ações direcionadas para o lugar certo, fizeram com que os ambientes certos viessem até mim e esses ambientes me proporcionaram as oportunidades de chegar onde cheguei hoje.

Então, quem não faz o que tem que fazer, quem não faz as coisas certas, com intencionalidade, não vai proporcionar o ambiente certo para chegar onde deseja.

PORTANTO, SEJA INTENCIONAL!

Se hoje você tem uma academia de bairro, ela precisa ser a melhor academia do seu bairro. Porque essa visão diferenciada fará com que realize uma boa entrega.

Assim, você entra no ciclo da entrega, ou seja, quanto mais entregar para o seu cliente, mais satisfeito ele vai estar, mais pessoas ele vai indicar, mais pessoas irão entrar na sua academia, mais receita você terá. E na busca de conhecimento para administrar bem a receita e o lucro, você irá amadurecer e sua empresa crescerá.

Com essa consciência não cometerá os erros que a maioria dos pequenos empreendedores comentem, como por exemplo, misturar pessoa física com jurídica, usando o dinheiro da empresa como se fosse pessoal.

Uma realidade muito presente nos nossos dias, lucrou um pouquinho mais, troca de carro, troca de casa ou vai no shopping passear. Esse modo de vida consumista faz com que a pessoa física viva bem e a empresa viva mal. Isso tem que ser totalmente invertido, senão, a vida pessoal melhora, mas a empresa vai à falência.

O meu pró-labore não chega a 1/5 da receita líquida da academia, porque a empresa tem que ser rica e a pessoa física tem que viver um padrão abaixo do que a empresa dele vive. E a partir do momento que acontece um aumento da receita, no processo administrativo e financeiro, é preciso estar de olho no mercado.

A nossa consciência precisa estar adaptada a nossa intenção, assim, teremos mais chance de assertividades nas nossas ações e no alcance dos nossos objetivos.

Ser intencional é saber o que deseja e traçar o caminho para chegar nesse local. Não adianta estar inserido em um mercado e não conhecer como ele funciona, assim como, é preciso se atentar ao tempo em que está vivendo.

O dono de academia de 10 anos atrás viveu fases que não vive hoje, afinal, tudo é cíclico. Portanto, é preciso se atentar as ações relacionadas à mudança de mercado, já que a realidade de hoje não será a mesma daqui a 10 anos.

Se não se atualizar dentro do contexto que o seu empreendimento vive, está fadado à falência, porque pode entregar algo fora de época para o seu cliente e o seu cliente necessita de algo épico.

Por exemplo, como um empresário, atualmente, não vai trabalhar com o digital? Não vai fazer uso de ferramentas como o *WhatsApp*? Sendo que 99% dos seres humanos vivos mexem com *WhatsApp*. A reciclagem precisa existir, porque o ser humano gosta do novo.

ENTREGUE O MÁXIMO QUE VOCÊ PUDER E SEMPRE VIVA ATUALIZANDO O SEU MODELO DE NEGÓCIO.

CAPÍTULO 16

AMBIENTES CONTROLÁVEIS E INCONTROLÁVEIS

Meu avô tinha um parque de diversões, e na época do carnaval, meu pai comprou uma fritadeira para junto com a minha mãe, vender batatas fritas. Esses traços de empreendedorismo familiar falam muito comigo, tanto meu avô como empreendedor, como meus pais tracionando outras formas de renda. Certamente, minha visão em relação a eles impulsionou a minha veia empreendedora.

Quando comprei a primeira academia, tinha começado a andar no estilo de vida cristão, estava me relacionando mais com Deus através do cristianismo. A religião foi feita para nos religar com o Criador, com o ser que nos criou. E a partir do momento que comecei a me religar com Deus, comecei a entender coisas a respeito das nossas ações e das ações do nosso Pai, revelações que mudaram completamente a minha vida.

Descobri que existem os ambientes controláveis e os ambientes incontroláveis. Os controláveis são todas as ações que você faz para chegar no resultado, enquanto nos ambientes incontroláveis acontecem coisas independente se você faça ou não algo, inclusive os negócios exigem uma transição de energias controláveis, a mesma força que você coloca para iniciar seu negócio, não é a mesma que sustenta. No início você precisa muito de força de vontade e coragem, mas passado um tempo, quando acordar sem força de vontade, o que vai garantir o sucesso do seu negócio será o foco e a resiliência.

Dessa maneira, ao desenvolver meu relacionamento e alinhamento com Deus, os ambientes incontroláveis começaram a ser compreendidos e eu entendi que não bastava somente ter força de vontade, determinação, foco e ousadia, eu precisava que os ambientes incontroláveis tivessem a meu favor, também.

Por exemplo, em alguns meses tudo estava planejado na empresa, organizado, mas eu precisava que algo mais acontecesse, como uma adesão de 200 alunos, a fim de realizar uma movimentação financeira. Mesmo sendo uma época atípica, com uma chance remota de acontecer, eu focava no incontrolável e uma demanda sobrenatural acontecia.

Todo mérito deve ser dado a Deus, pois o nosso relacionamento começou a movimentar ambientes que eu não controlava, a meu favor. Isso me possibilitou chegar a uma rede de 18 academias.

ATUALMENTE, A POTÊNCIA DA SCOOTER FOI SUBSTITUÍDA PELA HARLEY DAVIDSON, MAS AS SUBIDAS CONTINUAM!

Obviamente, houve muito esforço humano, dentro da realidade do ambiente controlável, afinal, eu fui o melhor que poderia à frente dos negócios, tanto da administração, quando dos treinamentos e da gestão financeira. Mas, o ambiente incontrolável foi o *PLUS* da nossa gestão!

Sendo assim, não tem como olhar para a Evoque e não entender essa frutificação sem que haja uma somatória do controlável com o incontrolável, ou seja, sem uma pitada de quem eu sou e quem Deus é na minha vida!

O próprio nome revela isso, pois, Evoque significa fazer com que algo sobrenatural se torne presente. E foi exatamente o que aconteceu, um sonho materializado, muito além das expectativas, mas com muito suor derramado.

As fases foram todas respeitadas e bem administradas, as crises bem geridas, fazendo de cada momento um aprendizado. Mesmo em situações de alto risco, extraímos o melhor possível, vencendo os medos e as inseguranças, dentro de realidades, por vezes, incertas.

Desfrutar cada dia dessa jornada foi um diferencial incrível, porque cada dia dela, sendo bom ou ruim, trouxe um ensinamento. Portanto, não desperdice as oportunidades, viva cada uma delas.

Os momentos bons foram feitos para serem desfrutados com as pessoas que amamos, todavia, se atente para não deixar os momentos difíceis te paralisar.

Sou uma pessoa que amo muito o que eu faço, amo muito a vida, isso faz de mim uma pessoa positiva e energética, mas esse é o meu perfil, nem todos somos iguais. No entanto, princípios e valores devem ser preservados, e isso faz a diferença na modelagem do caráter.

Seja grato e respeite a sua base, honrando seus pais, independente da sua personalidade. Não perca sua essência porque é ela quem vai revelar o seu propósito e lhe ajudar a construir a sua cultura de aceleração exponencial.

Evoque!

Compartilhe suas
impressões de leitura escrevendo para:
contato@yesbook.com.br

yes books